Inhalt

music
RU
RAINER UEBEL
Rainer's
KLAVIERSCHULE
Band 1

Impressum

Arrangements/Piano: Rainer Uebel
Umschlaggestaltung: Rainer Uebel
Notensatz und Layout: Rainer Uebel

ISBN: 978-3-7597-8607-4

Verlag: BoD • Books on Demand GmbH,
In de Tarpen 42, 22848 Norderstedt

Druck: Libri Plureos GmbH
Friedensallee 273, 22763 Hamburg

Die Klavierschule

Diese Schule wird den Anforderungen des modernen Unterrichts gerecht. Sie ist einfach und ohne unnötigen Ballast (wie z.B. grafische Spielereien oder Testfragen) geschrieben.
Natürlich gilt immer noch: Ohne Fleiß kein Preis!
Also ganz ohne Üben geht es nicht. Aber mit dieser Schule kann man auch mit kleinem Zeitaufwand optimale Ergebnisse erzielen.
Dazu gibt das vorliegende Buch die Anleitung.

Viel Spaß bei der Eroberung der Tasten wünscht

Rainer Uebel

zum Beginn

Wenn wir uns zum ersten Mal an ein Klavier (bei mehr Platz im Wohnzimmer an einen Flügel) setzen, beachten wir ein paar einfache Dinge:

1. Wir sitzen in aufrechter Position davor

2. Die gedachte Linie vom Ellenbogen bis zur Hand soll waagerecht sein (durch Höhe des Klavierstuhles regulierbar)

3. Die Finger sind gebeugt, damit sie die Tasten wie kleine Hämmerchen anschlagen können.

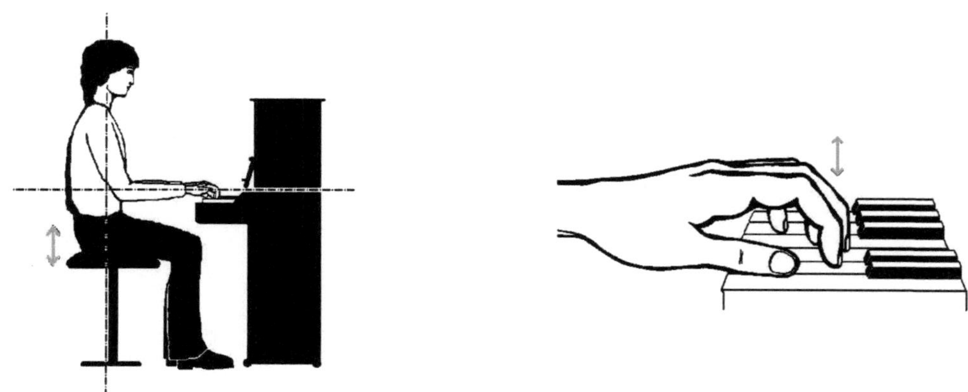

Jetzt können wir ausprobieren und testen, wie das Klavier (der Flügel) klingt!

Die Tasten

Die weißen Tasten sind ursprünglich nach dem Alphabet benannt, also A B C D E F G

Das B wurde im deutschen Sprachraum mit der Zeit als H geschrieben und das C als erste Not[e] genommen, also: C D E F G A H

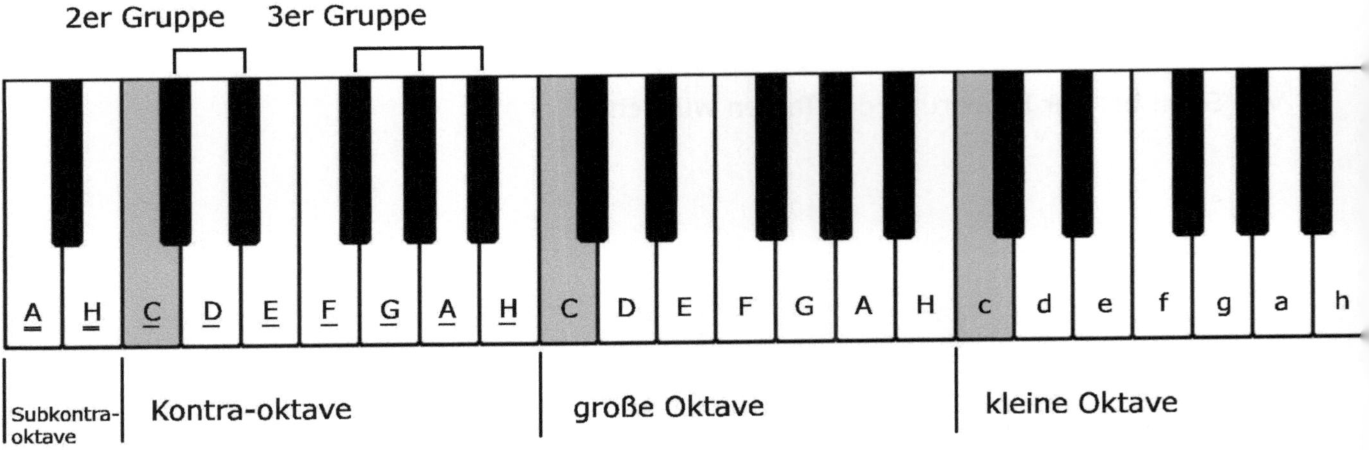

Die Noten

Allen Tasten sind Noten zugeordnet, die in zwei Systemen mit jeweils fünf Linien liegen. Für Note[n] außerhalb der Systeme verwendet man Hilfslinien. Das obere System gehört der rechten Hand und ha[t] als Anfangszeichen den Violinschlüssel (hohe Töne).

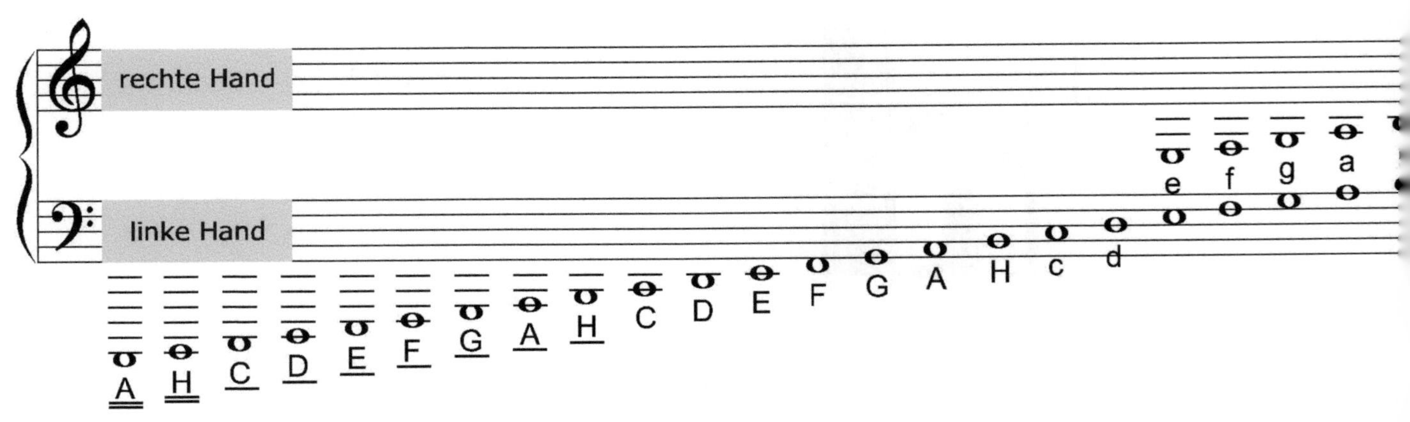

Dieses wiederholt sich über die gesamte Tastatur, wobei das C immer links einer Zweiergruppe der schwarzen Tasten liegt.

(Die viergestrichene ganz rechts liegende Oktave wurde übersichtshalber weggelassen!)

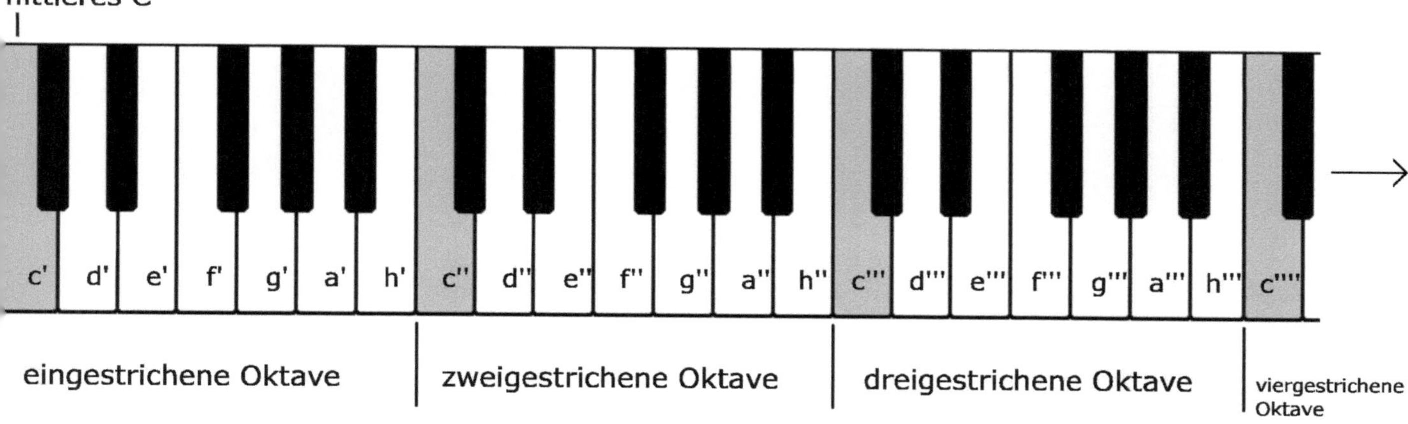

Das untere System ist für die linke Hand gedacht und wird mit dem Bassschlüssel gekennzeichnet (tiefe Töne). Einige Noten in der Mitte können in beiden Schlüsseln dargestellt werden. Die geschwungene Klammer vor den beiden Systemen zeigt ihre Zusammengehörigkeit.

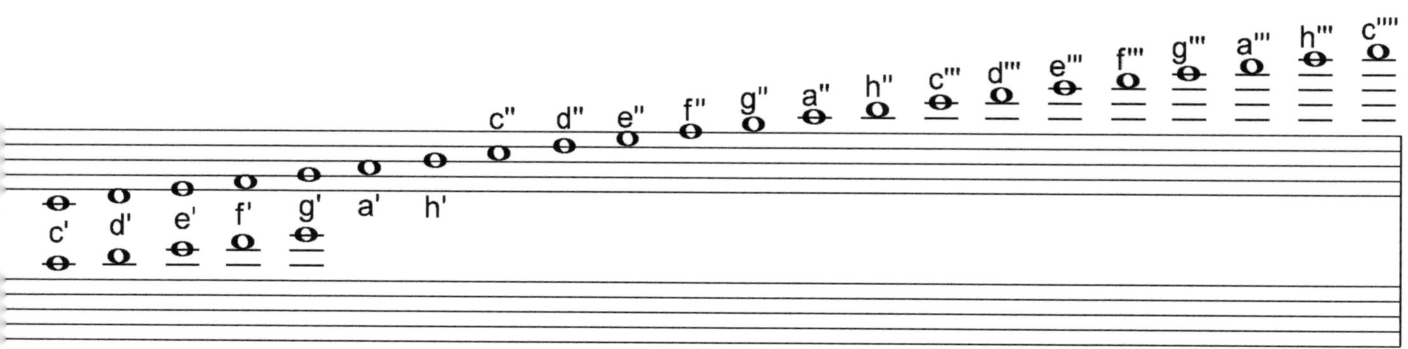

Die Hände

Da es wichtig ist, welcher Finger eine Taste anschlägt, werden sie von den Daumen angefangen von 1 bis 5 bezeichnet und diese Zahlen in die Nähe der entsprechenden Noten platziert (Fingersatz).

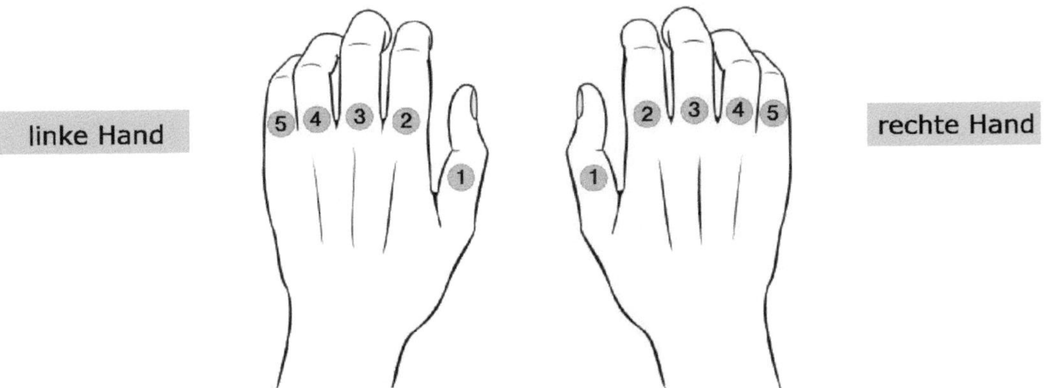

Jetzt fassen wir alles zusammen, damit wir mit dem Spielen beginnen können und bringen die Hände in die unten gezeigte Anfangsposition:

Die Noten, Tasten und Hände

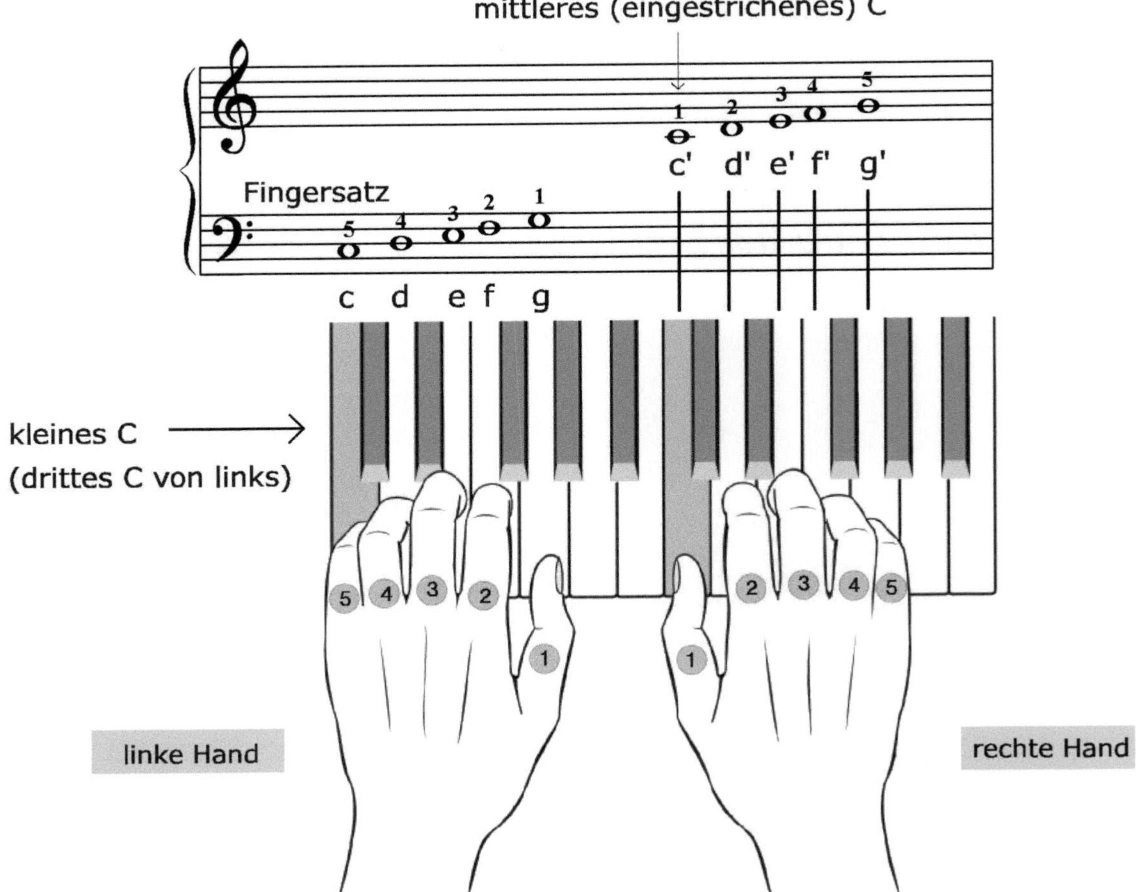

Übung 1

Bei der ersten Übung beachten wir:

1. Vor jedem Anschlag werden die Finger etwas angehoben, damit ein klarer, sauberer Ton entsteht (siehe auch Zeichnung S. 6)

2. Im Moment des Anschlages wird die vorher gespielte Taste losgelassen, so dass sich die Töne genau abwechseln. Dies wird als gebundenes (oder italienisch*: legato) Spiel bezeichnet

3. Die Übung wird erst ganz langsam gespielt (bei jedem Ton bis vier zählen) und kann mit der Zeit etwas schneller werden.

Wir fangen mit der rechten Hand an und wiederholen die Notenzeile 5-10 mal.
Dafür stehen auch die beiden Wiederholungszeichen.

Das darf auch die linke Hand spielen, allerdings eine Oktave tiefer im Bassschlüssel:

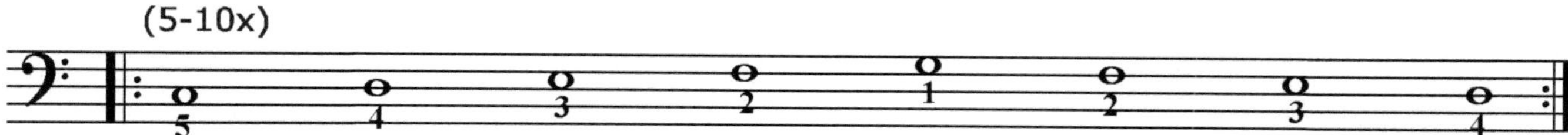

Jetzt spielen wir rechts und links zusammen und wir achten darauf, dass die Finger beider Hände genau gleichzeitig anschlagen. Die Töne der rechten und linken Hand bewegen sich dabei im gleichen Abstand. Das nennt man Parallelbewegung.

mp3
-1-

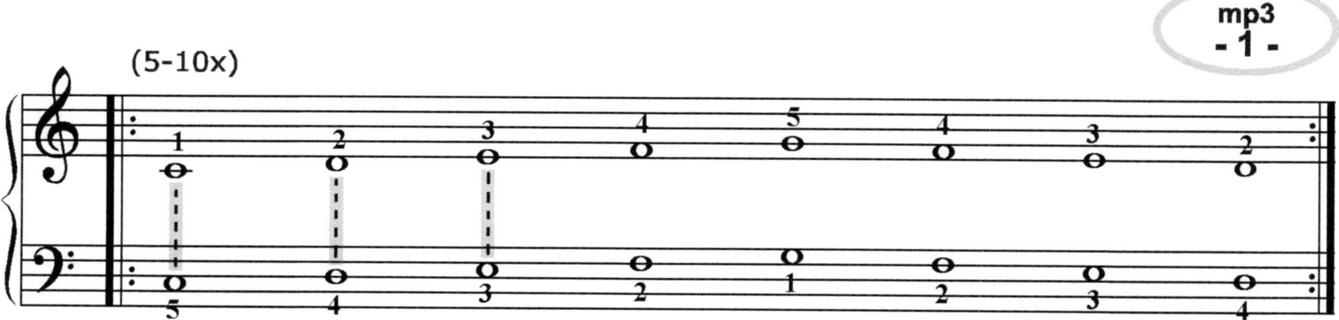

* die meisten musikalischen Bezeichnungen stammen aus dem Italienischen

Wenn wir diese Übung mit gleichen Fingern spielen, werden die Tonabstände größer und wieder kleiner. Es entsteht eine sogenannte Gegenbewegung:

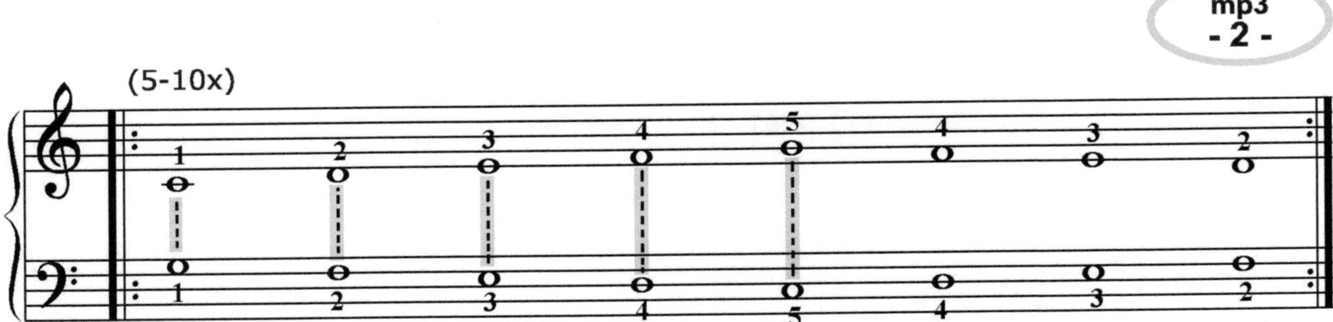

Damit wir endlich unser erstes Lied spielen können, bauchen wir nur noch einen Plan für den zeitlichen Ablauf:

Der Takt

Ein Musikstück wird durch senkrechte Striche in zeitlich gleichlange Abschnitte (Takte) geteilt. Wir beginnen mit dem Viervierteltakt (4/4-Takt).

Man kann ihn mit verschieden langen Noten oder auch Pausen füllen.

Dabei zählen wir (am besten laut) gleichlange Viertel*:

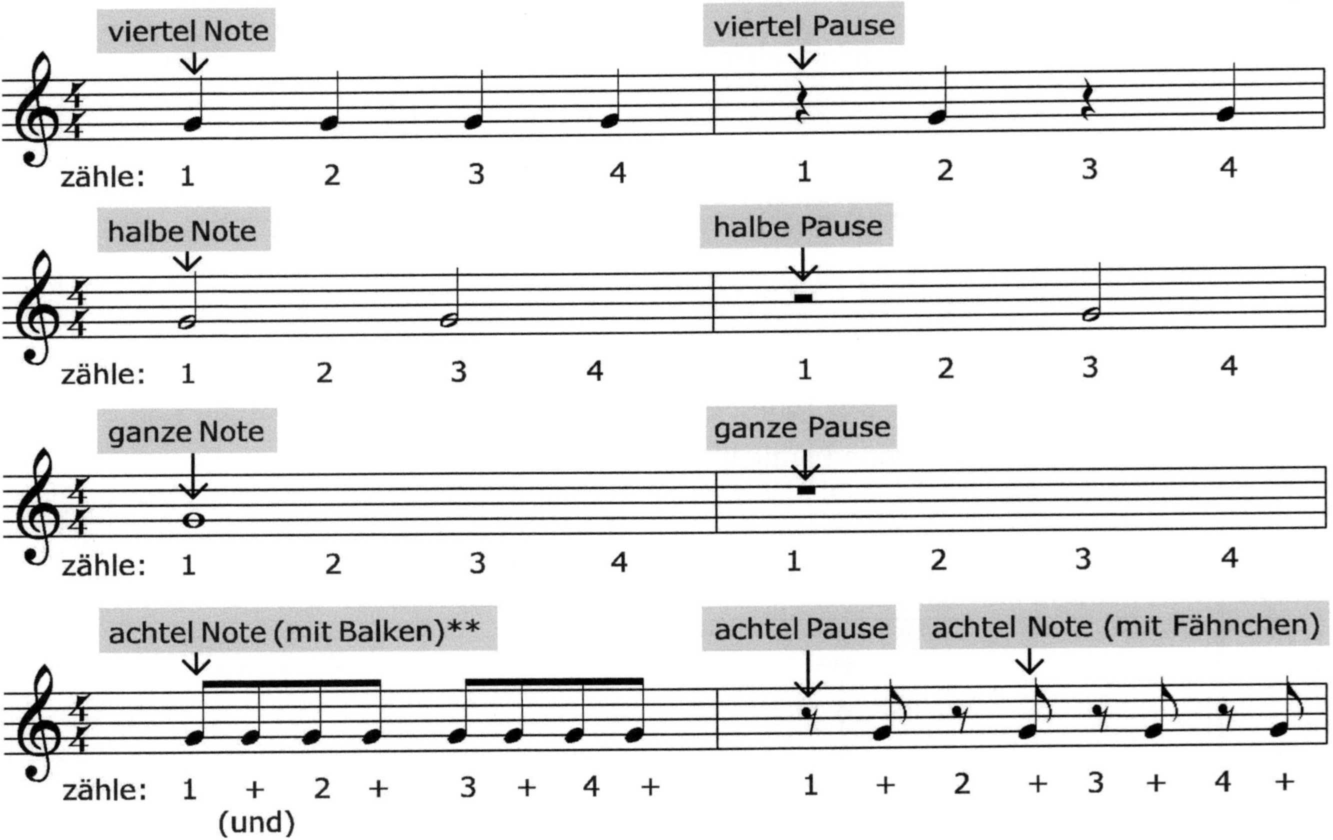

* Das Zählen kann auch ein optional erhältliches mechanisches oder elektronisches Metronom (Taktgeber, siehe S. 15) übernehmen.

** mehrere Achtelnoten werden der Übersichtlichkeit wegen oft mit „Balken" verbunden

Jetzt können wir endlich die ersten Lieder spielen:

Jede Hand wird erst einzeln so langsam geübt, dass keine Fehler vorkommen. Dann folgt das Zusammenspiel beider Hände und wir steigern das Tempo.

Am Ende jeden Liedes steht ein Schlussstrich.

Die Lautstärke (Dynamik)

Die Hammermechanik im Inneren des Klaviers bewirkt, dass der Ton um so lauter klingt, je stärker wir die Taste anschlagen. Man unterscheidet bei der Intensität des Anschlags (wieder aus dem Italienischen):

piano pianissimo	=	**ppp**	= extrem leise
pianissimo	=	**pp**	= sehr leise
piano	=	**p**	= leise (schwacher Anschlag)
mezzopiano	=	**mp**	= mittelleise
mezzoforte	=	**mf**	= mittellaut
forte	=	**f**	= laut (starker Anschlag)
fortissimo	=	**ff**	= sehr laut
forte fortissimo	=	**fff**	= extrem laut
crescendo (cresc.)	=	$<$	= lauter werden
decrescendo (decresc.)	=	$>$	= leiser werden
diminuendo (dim.)	=	$>$	= leiser werden

Normalerweise stehen diese Anweisungen zwischen den beiden Systemen. Wenn aber die Melodie wie im folgenden Beispiel ab der zweiten Zeile von der linken Hand gespielt wird, muss sie lauter als die rechte sein, um sie hervorzuheben:

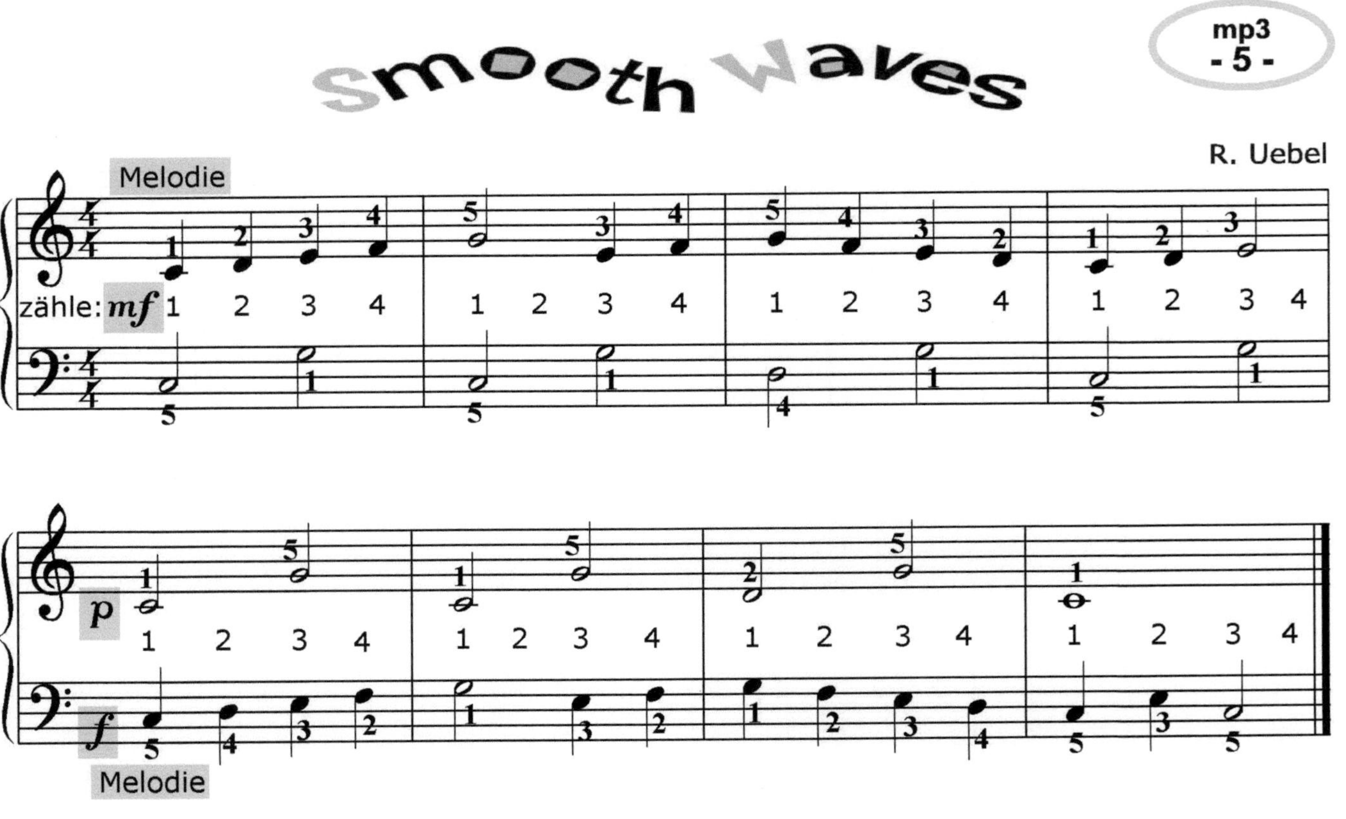

Der Auftakt

Bei allen Takten ist ist der Anfang (Zählzeit "1") am stärksten betont. Wied ein Liedtext verwendet, der mit einem unbetonten Wort oder Silbe beginnt, brauchen wir eine oder mehrere Noten vor dem ersten Takt, den Auftakt.

Beispiel (▨ = betont)

ohne Auftakt:

mit Auftakt:

Der letzte Takt eines Stückes wird um den Auftakt gekürzt, damit beide zusammen einen vollständigen Takt ergeben. Jetzt spielen wir das ganze Stück:

VOGELHOCHZEIT

Der 3/4 - Takt

Einen neuen Rhythmus* lernen wir mit dem 3/4 - Takt kennen:

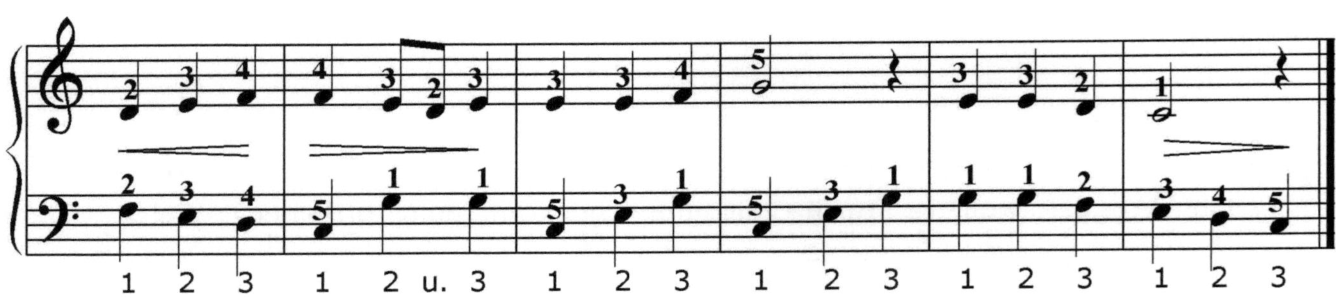

Wenn eine Note länger als ein Takt klingen soll, brauchen wir einen Haltebogen. Es wird nur die Note am Bogenanfang gespielt:

* (griech.) Einteilung der Takte in verschiedene Notenwerte und Zeitmaße

Das Tempo

Jedes Musikstück wird mit einer bestimmten Geschwindigkeit gespielt. Das Tempo (Mz. Tempi) wurde ab dem 17. Jahrhundert zuerst in Italien durch Spielanweisungen wie "allegro" oder "lento" angegeben. Erst im 19. Jahrhundert verwendete man auch deutsche Bezeichnungen. Alle diese Angaben sind nicht sehr genau. Eine exakte Bestimmung des Tempos ermöglichte erst seit 1816

das Metronom

von J. N. Mälzel. Am Metronom kann man die Taktschläge pro Minute* einstellen, wobei der Taktanfang besonders betont wird. Seit einiger Zeit gibt es das Metronom auch als elektronisches Gerät. Hier eine Übersicht oft verwendeter Tempoangaben:

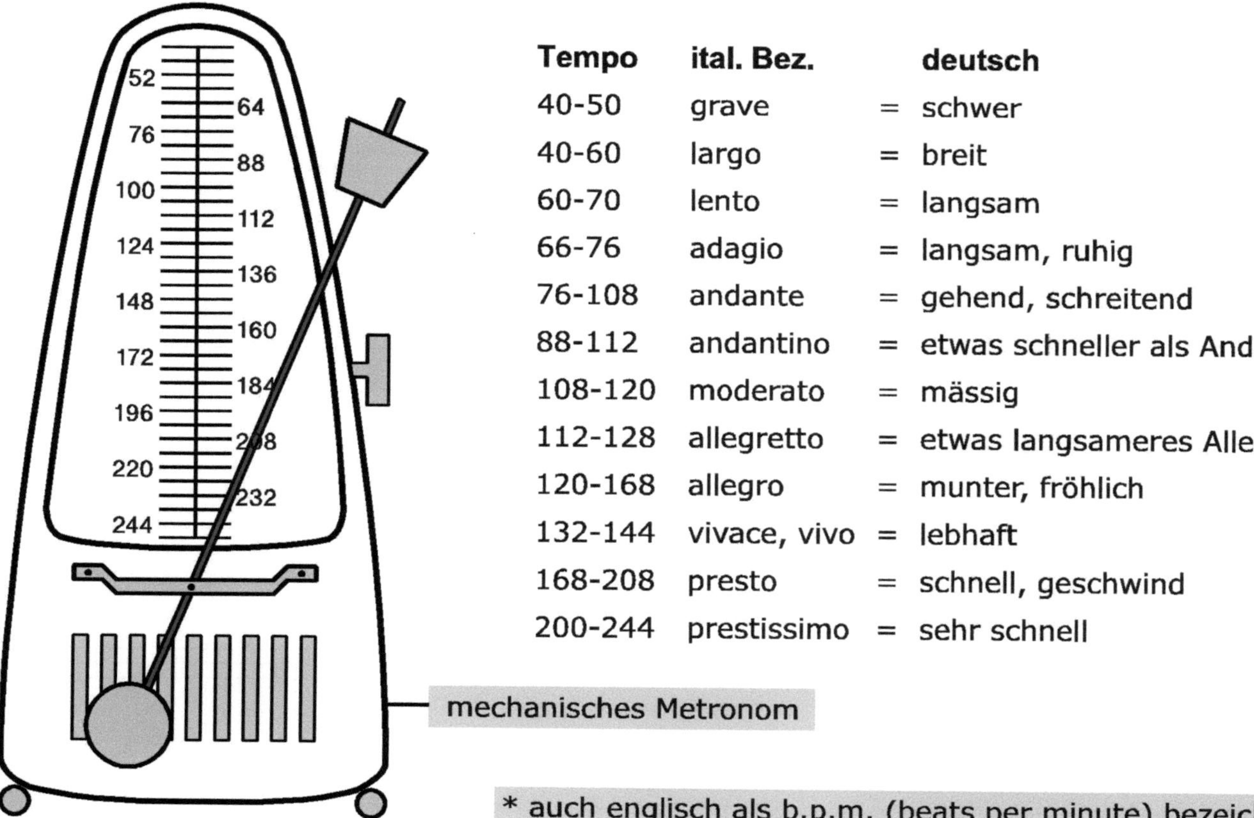

Tempo	ital. Bez.		deutsch
40-50	grave	=	schwer
40-60	largo	=	breit
60-70	lento	=	langsam
66-76	adagio	=	langsam, ruhig
76-108	andante	=	gehend, schreitend
88-112	andantino	=	etwas schneller als Andante
108-120	moderato	=	mässig
112-128	allegretto	=	etwas langsameres Allegro
120-168	allegro	=	munter, fröhlich
132-144	vivace, vivo	=	lebhaft
168-208	presto	=	schnell, geschwind
200-244	prestissimo	=	sehr schnell

* auch englisch als b.p.m. (beats per minute) bezeichnet

Zum Üben ist das Metronom sehr gut geeignet. Man beginnt ganz langsam und steigert die Geschwindigkeit bis zum angegebenen Wert. Ohne Metronom ist ein gleichmäßiges Zählen erforderlich. Einen Anhaltspunkt für die richtigen Tempi bieten die Beispiele der CD.

Das Tempo kann sich in einem Musikstück auch verändern, z.B.:

accelerando (accel.)	= beschleunigend
ritardando (rit.)	= langsamer werdend
rallentando (rall.)	= verbreiternd, verlangsamend
a tempo	= zurück zum Tempo vor der Änderung
rubato	= freies Tempo, nicht im genauen Zeitmass

Summ, summ, summ...

mp3
- 9 -

allegro ♩ = 136 *

Volkslied

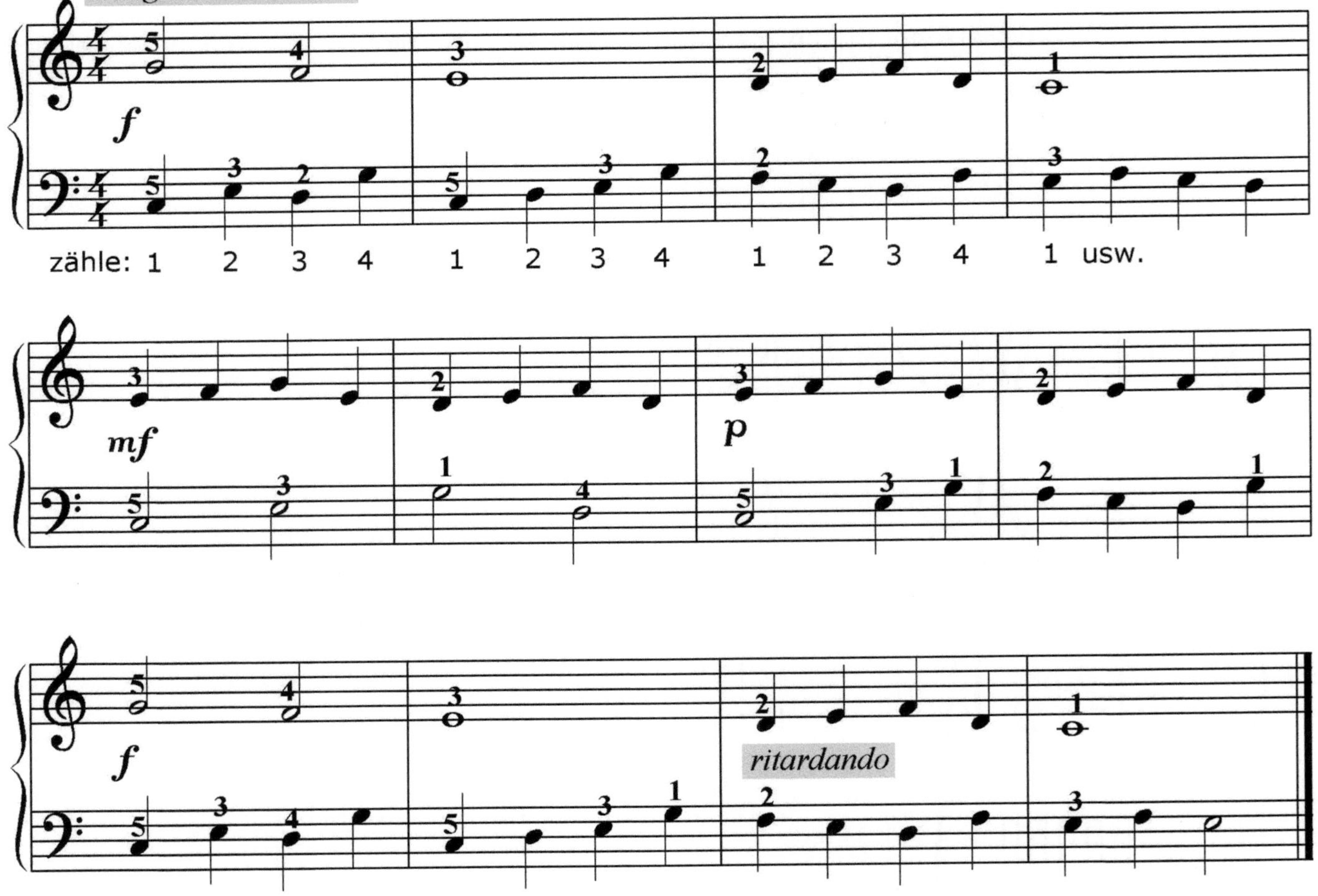

* 136 Viertenotenschläge pro Minute (Metronomeinstellung)

Punktierte Noten und Pausen

Soll eine Note eine Länge zwischen den normalen Notenwerten haben, kann man das mit einem Haltebogen tun, das heißt, nur die erste Note wird gespielt. Einfacher geht es mit einem Punkt hinter der Note, er verlängert ihren Wert um die Hälfte:

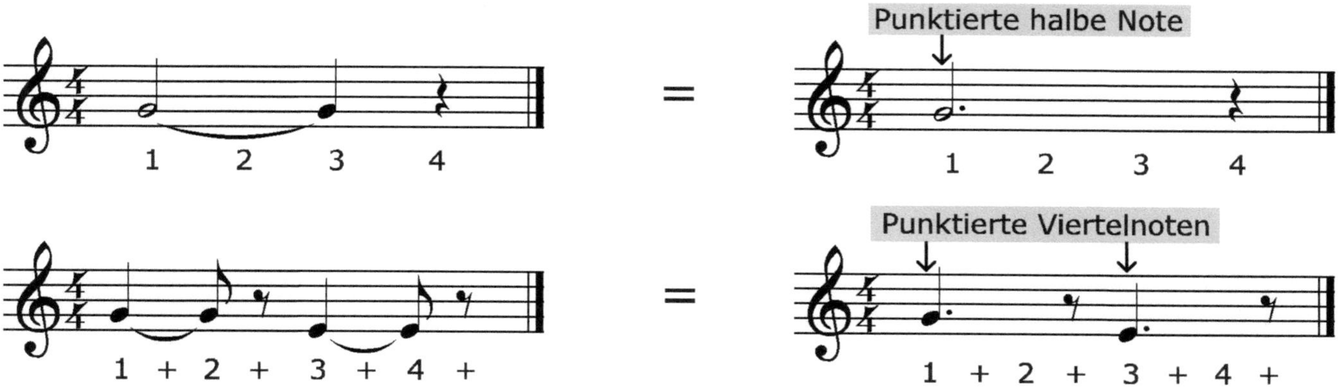

Auch zwei ungleich lange Pausen lassen sich mit einem Punkt zusammenfassen:

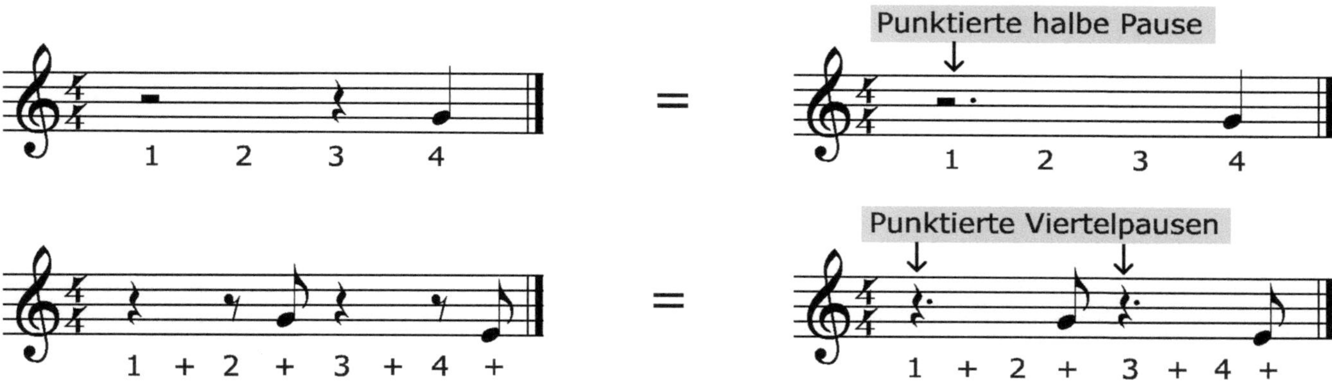

Übung 2

Hier kommt es darauf an, gleichmäßig zu zählen, damit die punktierten und die anderen Noten die richtige Länge haben (ganz langsam beginnen):

* anderes Zeichen für den 4/4-Takt

Außer den punktierten Noten hat das folgende Stück noch zwei Besonderheiten:

1. Die Melodie geht am Ende der dritten Notenzeile für eine Viertelnote in die linke Hand.

2. Im gleichen Takt liegt auf der Zählzeit "4" eine sogenannte Synkope.

Bei einer Synkope verschiebt sich die Betonung auf eine sonst unbetonte Zählzeit. In unserem Beispiel wird die "1" des nächsten Taktes auf die "4" des vorherigen gezogen. Es entsteht eine rhythmisch interessante Spannung.

An die Freude

Die Noten A und H

Als nächstes erweitern wir unseren Spielbereich und beziehen sechs neue Tasten ins Spiel ein: Das große A und H, das kleine a und h sowie das eingestrichene a' und h'. Sie liegen unter, zwischen und über den bisher verwendeten Tasten (siehe auch S. 6-7).

Um sie zu erreichen, müssen wir entweder die Hand etwas spreizen oder wir wechseln den Finger auf derselben Taste.

Kleiner Walzer

mp3 -11-

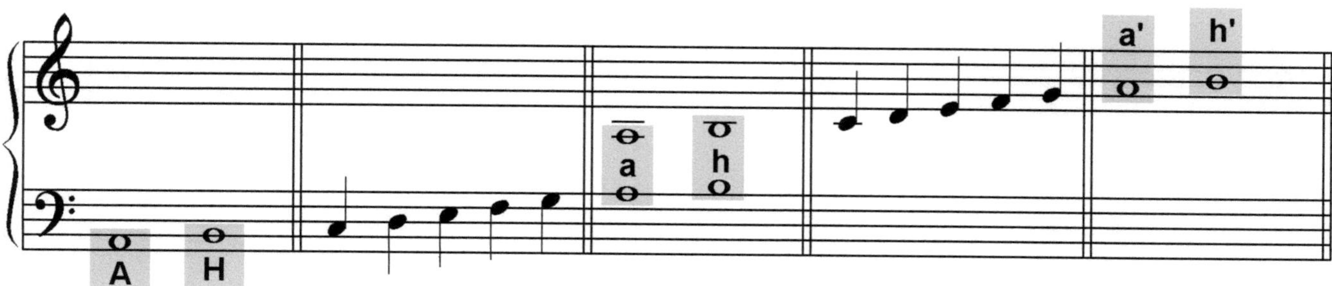

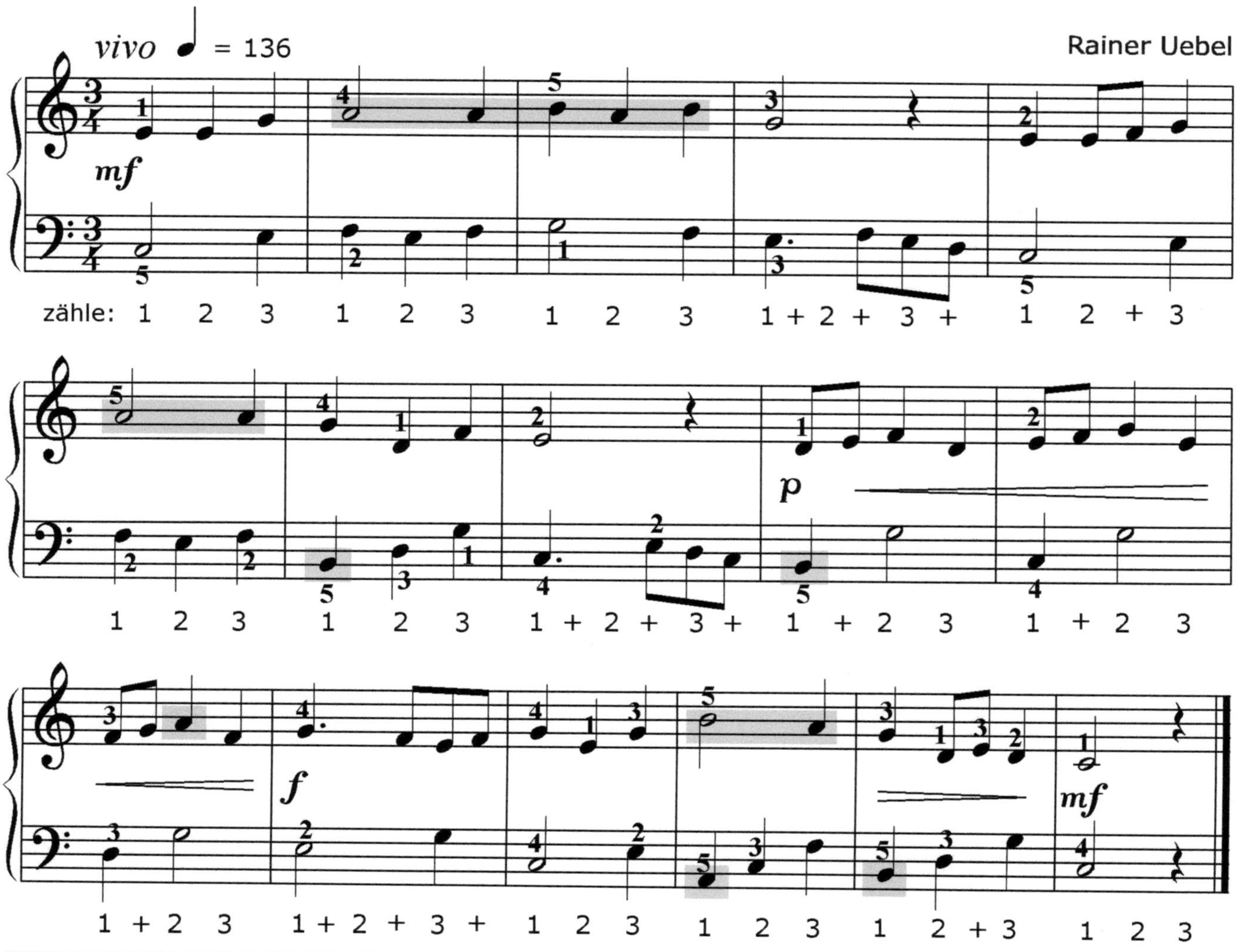

Übung 3

Bei dieser Übung (auch als "Schütteln" bezeichnet) verlagern wir das Gewicht der Hand abwechselnd von links nach rechts, um einen gleichmäßigen Anschlag zu erreichen.

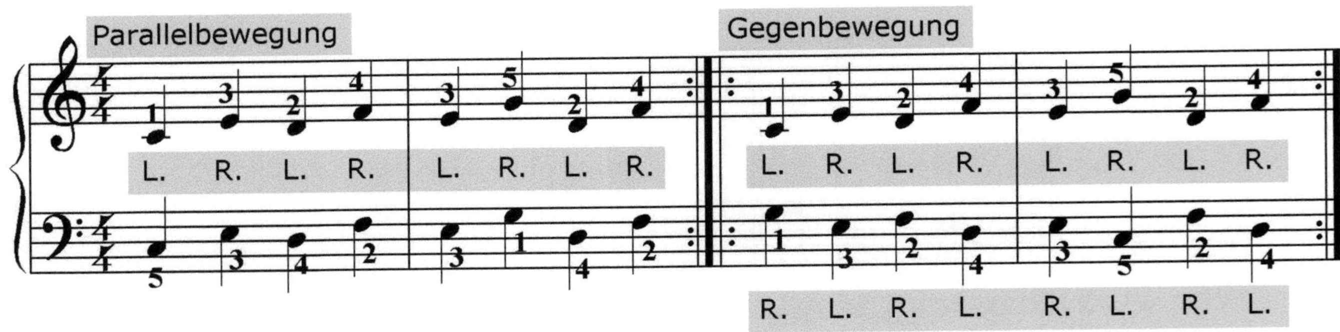

Das wenden wir jetzt in der linken Hand an. Rechts wechseln wir den Finger auf einer Taste, um das a' zu erreichen (beim Üben das Zählen nicht vergessen!).

Lang, lang ist's her

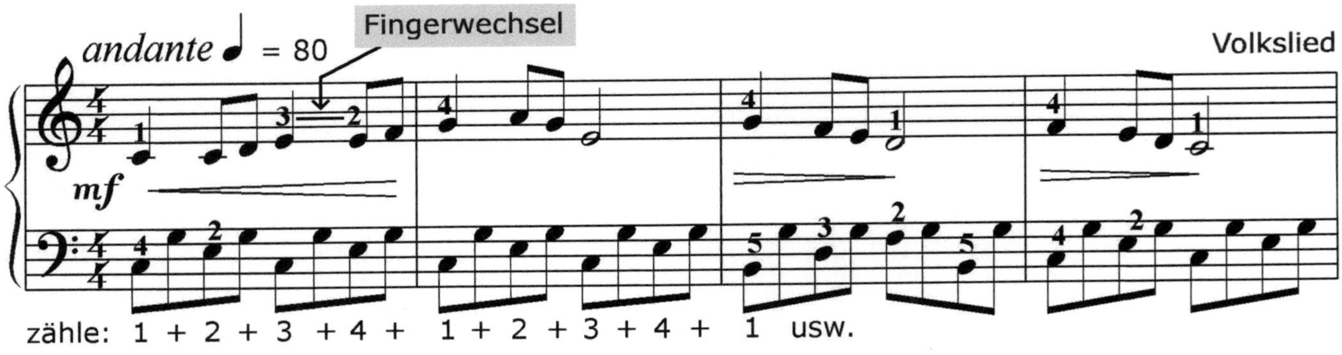

TIPP Unterwegs können wir auch ohne Klavier etwas tun: Die Hand (Hände) auf eine ebene Fläche legen und die gebeugten Finger nacheinander anheben (siehe auch S.6). Das trainiert die Fingermuskulatur und verbessert den Anschlag.

Der "alla breve" - Takt

Eine Variante des 4/4 ($\mathbb{C}$)-Taktes ist der "alla breve"-(zur Hälfte)-Takt. Man erkennt ihn am senkrechten Strich durch das ($\mathbb{C}$) und zählt nur Halbe statt Viertelnoten (Achtel als "e").

Die Noten c" bis g"

Jetzt verlagern wir die Anfangsposition beider Hände um eine Oktave nach oben. Die rechte Hand braucht dazu fünf neue Noten und die linke wandert vom Bass- in den Violinschlüssel:

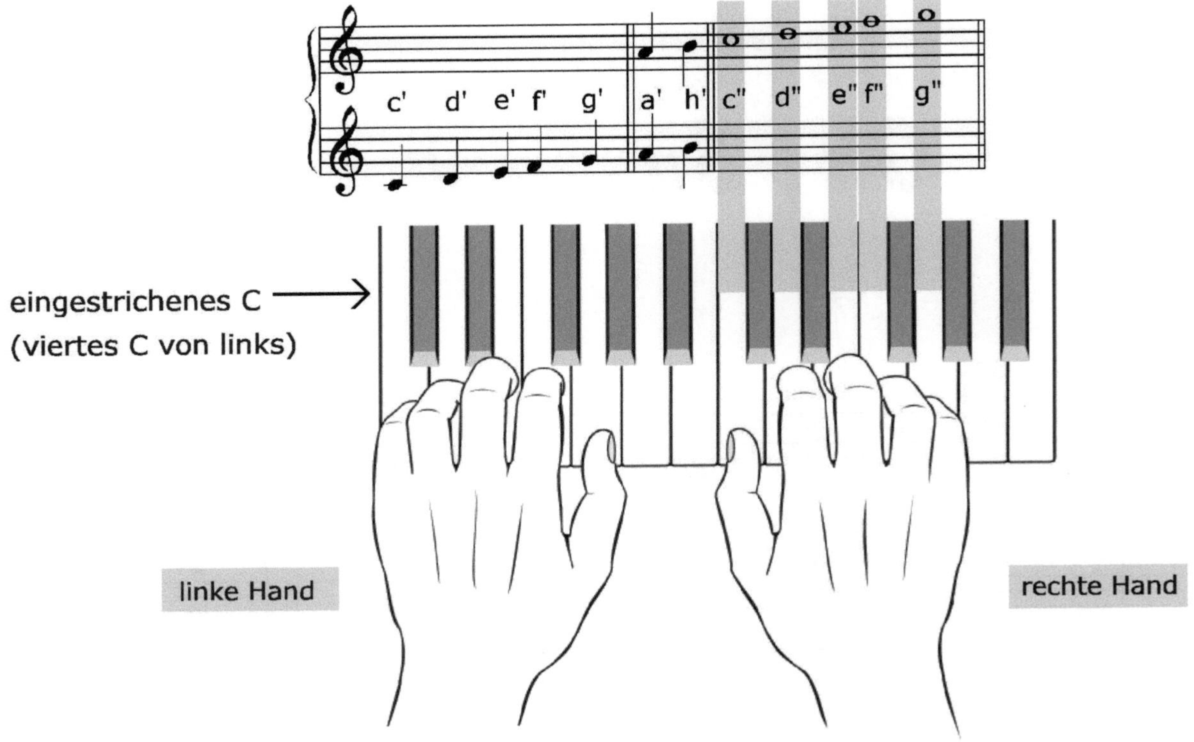

Mit der linken Hand spielen wir jetzt zwei Tasten gleichzeitig (Doppelgriffe):

Legato und Staccato

Den Haltebogen, der gleiche Noten verbindet, kennen wir bereits. Steht ein Bogen über verschiedenen Noten, werden sie (wie bisher gelernt) gebunden (ital. *legato*) gespielt (Bindebogen). Die Note am Bogenende ist etwas kürzer.

Punkte über den Noten bedeuten dagegen kurze Anschläge (ital. *staccato*).

Noten ohne Kennzeichnung spielt man mit kurzen Zwischenräumen (nicht gebunden, ital. *non legato*).

Alle Töne fangen trotz unterschiedlicher Länge immer genau auf ihre Zählzeit an:

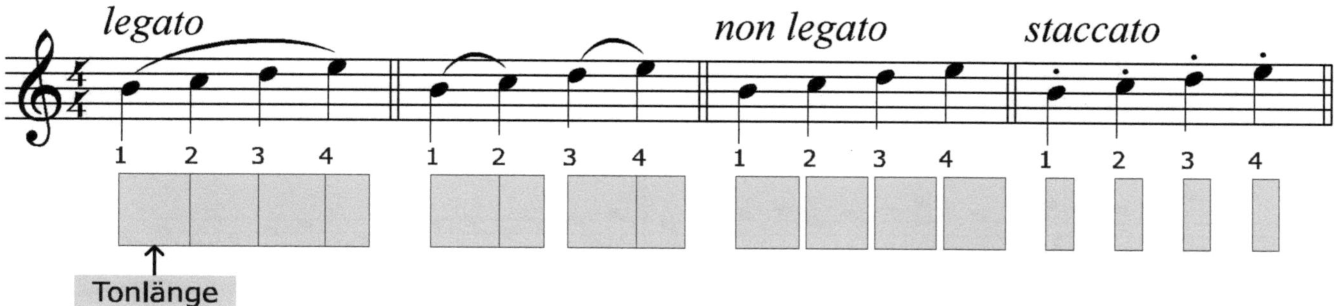

This Old Man

Übung 4

Das Zusammenziehen und Dehnen der Hand hat diese Übung zum Inhalt. Man nennt sie auch "nachrücken". Es sind zwei Fingersätze möglich, die oberen und die unteren gehören zusammen.

Bald gras' ich am Neckar

Volkslied

Die C-Dur-Tonleiter

Wollen wir alle (weißen) Tasten nacheinander von einem c' bis zum nächsten c" gebunden (legato) spielen (C-Dur-Tonleiter), stellen wir fest, dass uns nach dem fünften Ton (g') die Finger ausgehen. Das "Untersetzen" hilft uns hier weiter:

Nach dem dritten Ton (e') schieben wir den Daumen (1) unter dem Mittelfinger (3) durch und schlagen den vierten Ton (f') an. Die Hand wird dabei nach rechts bewegt (nicht verdrehen!) und der Zeigefinger (2) setzt die Tonleiter mit dem fünften Ton (g') fort.

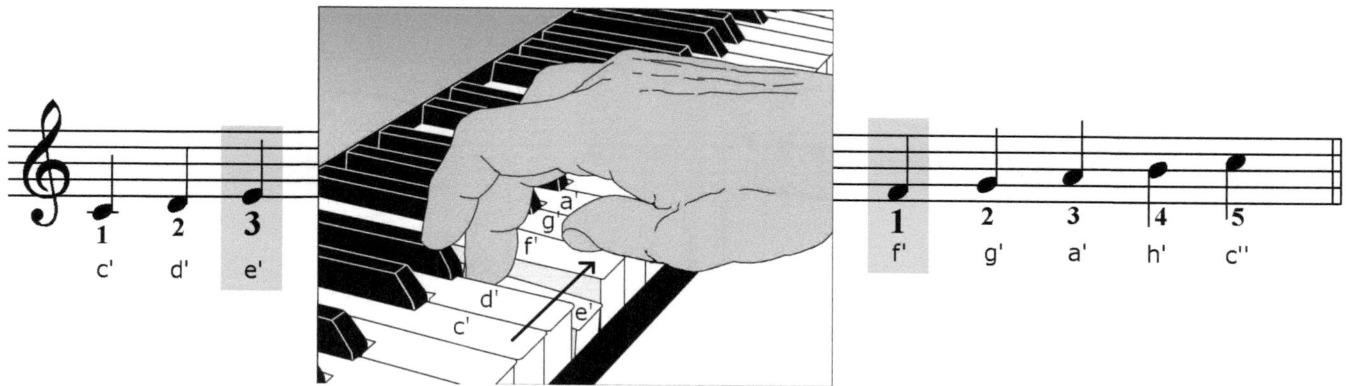

Spielen wir die Tonleiter nach unten, geht es vom kleinen Finger (5) bis zum Daumen (1). Dann wird der Mittelfinger (3) über den Daumen (1) geführt ("Übersatz") und schlägt das e' an. Dann folgen Zeigefinger (2) und Daumen (1).

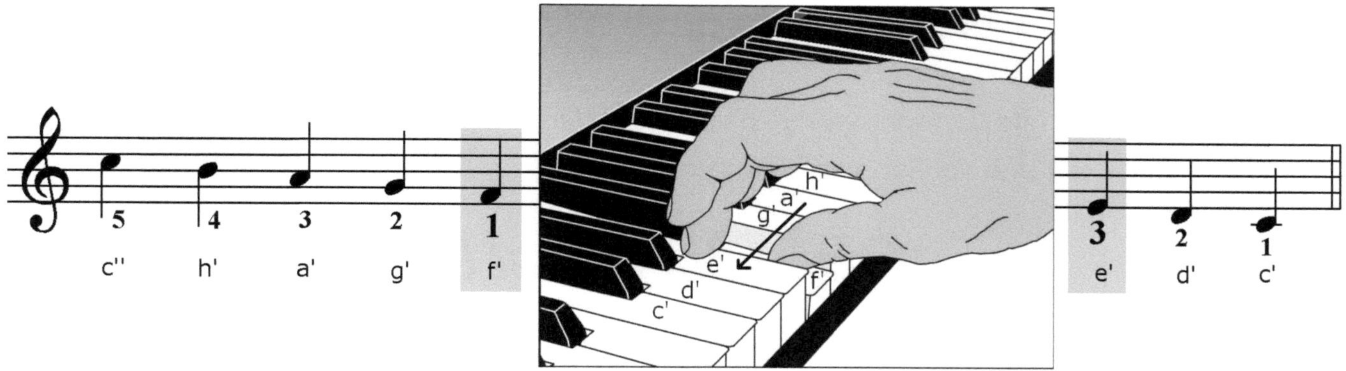

Die linke Hand macht das Gleiche, nur wird beim Aufwärtsspiel der Mittelfinger (3) übergesetzt und abwärts der Daumen (1) untergesetzt. Das zeigt auch der Fingersatz der

Übung 5

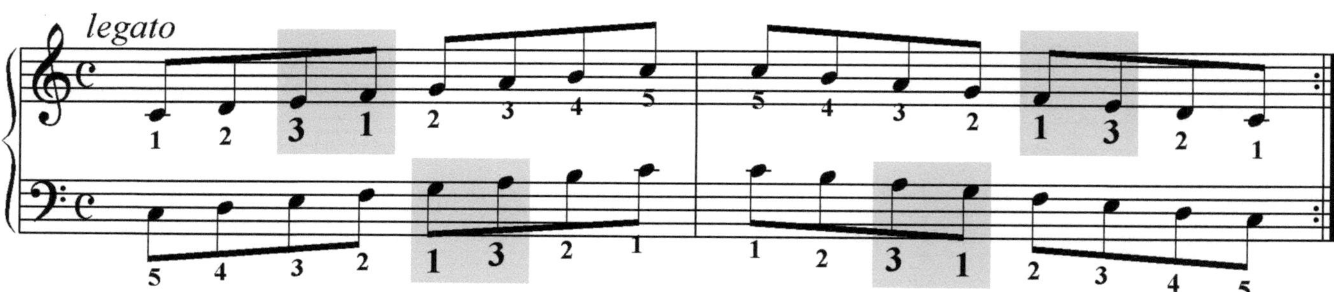

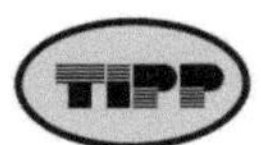

TIPP Gebeugte Finger erleichtern das Unter- oder Übersetzen.

TONLEITERN

mp3 - 17 -

allegro ♩ = 70

R. Uebel

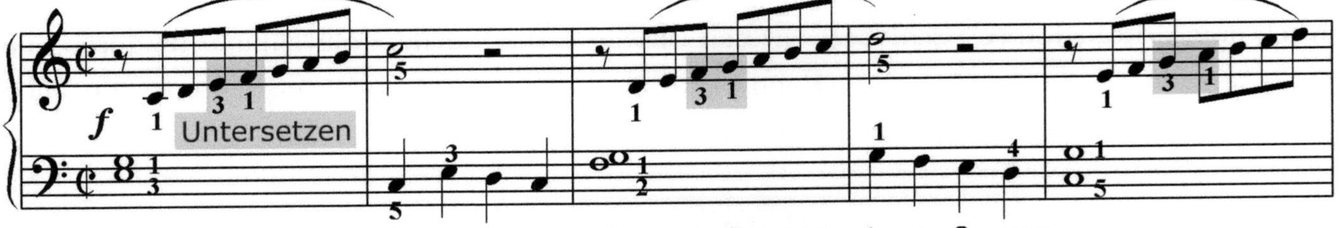

zähle: 1 e u. e 2 e u. e 1 u. 2 u. 1 e u. e 2 e u. e 1 u. 2 usw.

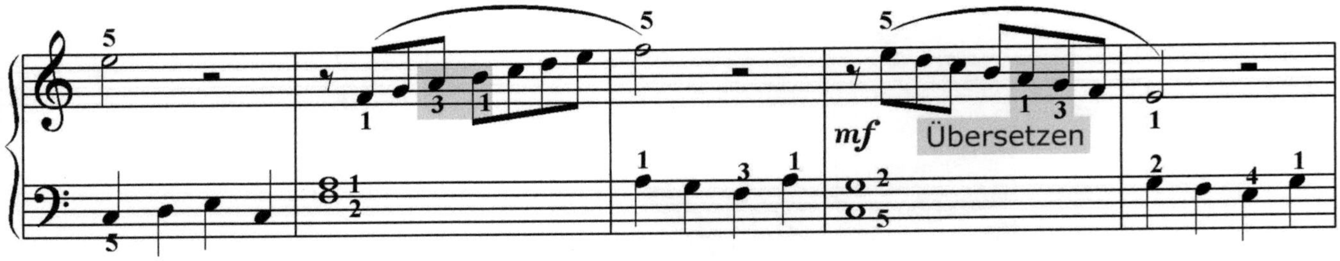

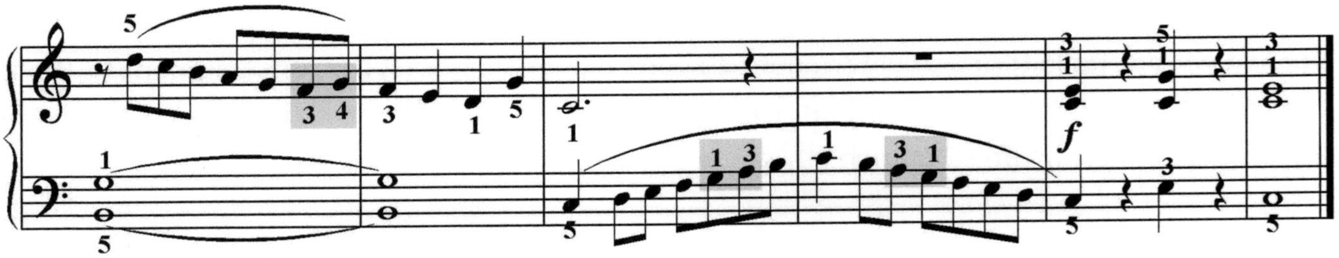

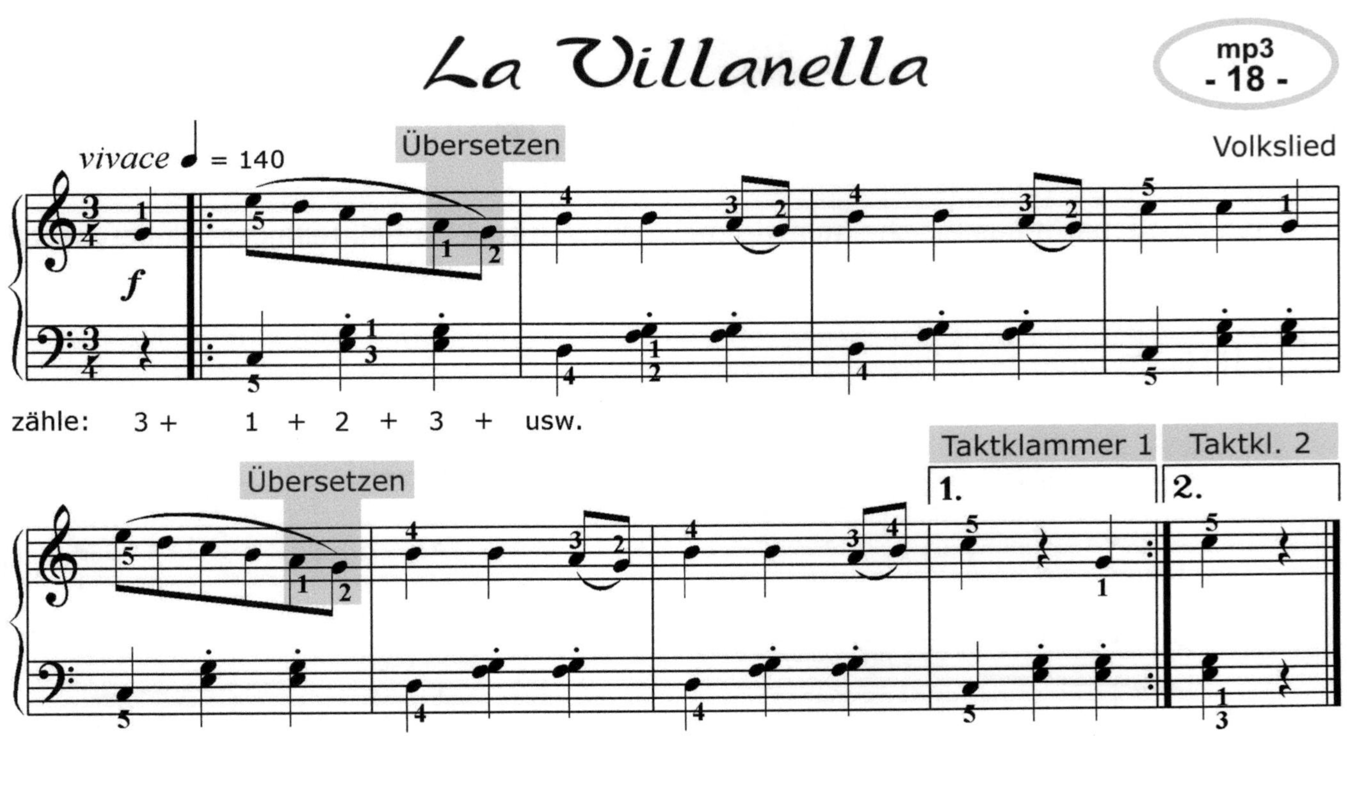

Jetzt lernen wir die Taktklammern kennen: Bei der Wiederholung des Liedes lassen wir einfach Taktklammer 1 weg und spielen dafür die zweite.

La Villanella

mp3 - 18 -

vivace ♩ = 140

Volkslied

zähle: 3 + 1 + 2 + 3 + usw.

Die C-Dur-Tonleiter kann man auch in Gegenbewegung spielen. Dabei haben beide Hände den gleichen Fingersatz und setzen gemeinsam unter oder über:

Übung 6

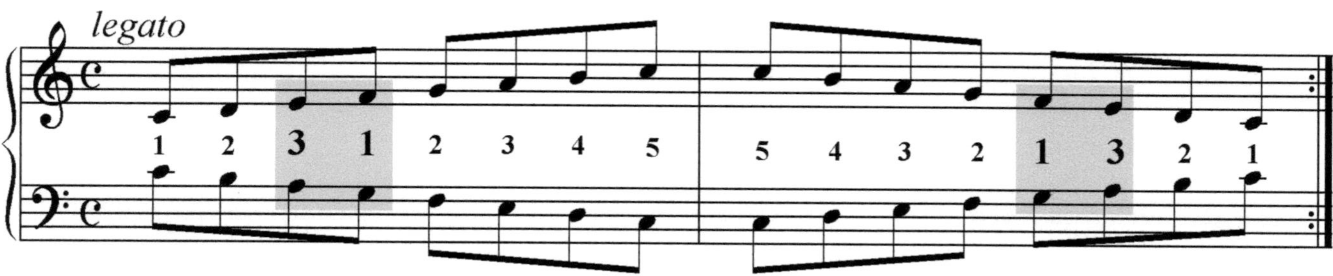

Mit einer Tonleiter abwärts in der rechten Hand beginnt "Joy To The World". Wir erweitern den Spielbereich der linken Hand um die Note "großes G" (siehe auch S.6):

Joy To The World

mp3
- 19 -

G. F. Händel

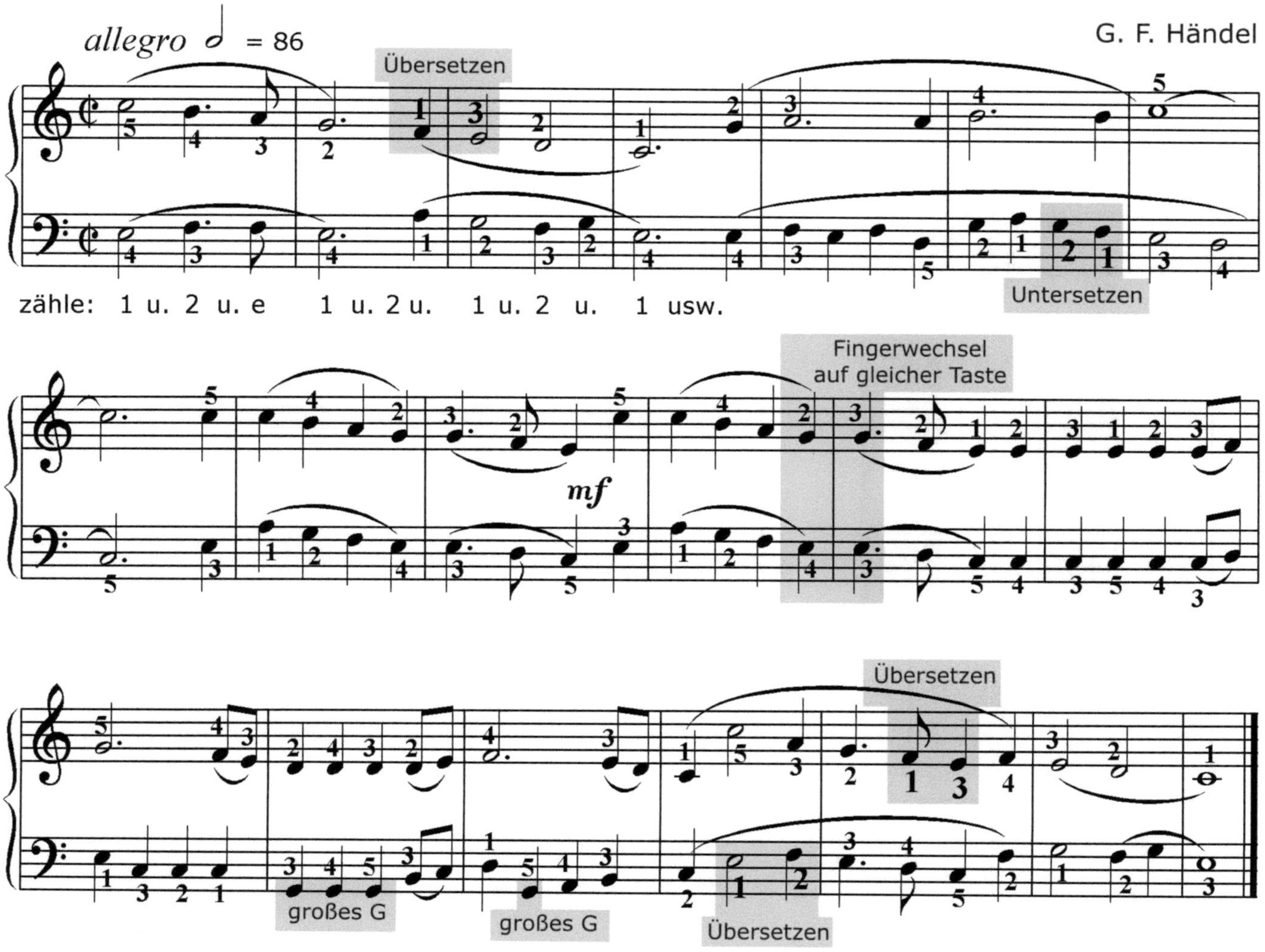

Die schwarzen Tasten

Sie sind etwas kleiner als die weißen Tasten, aber deswegen aber nicht weniger wichtig. Der Abstand zwischen allen Tasten, egal ob schwarz oder weiß, beträgt einen halben Ton. Eine C-Dur-Tonleiter, die nur weiße Tasten hat, besteht folglich aus zwei Ganztönen, einem halben Ton, drei Ganztönen und einem Halbton.

Für die Notierung der schwarzen Tasten brauchen wir zusätzliche Zeichen, da die Notenlinien und deren Zwischenräume schon durch die weißen Tasten belegt sind. Man kann eine weiße Taste mit einem Kreuz (♯) um einen halben Ton erhöhen oder durch ein Be (♭) um einen halben Ton erniedrigen. Diese

Vorzeichen

gelten bis zum nächsten Taktstrich. Das Auflösungszeichen (♮) hebt beide Zeichen wieder auf:

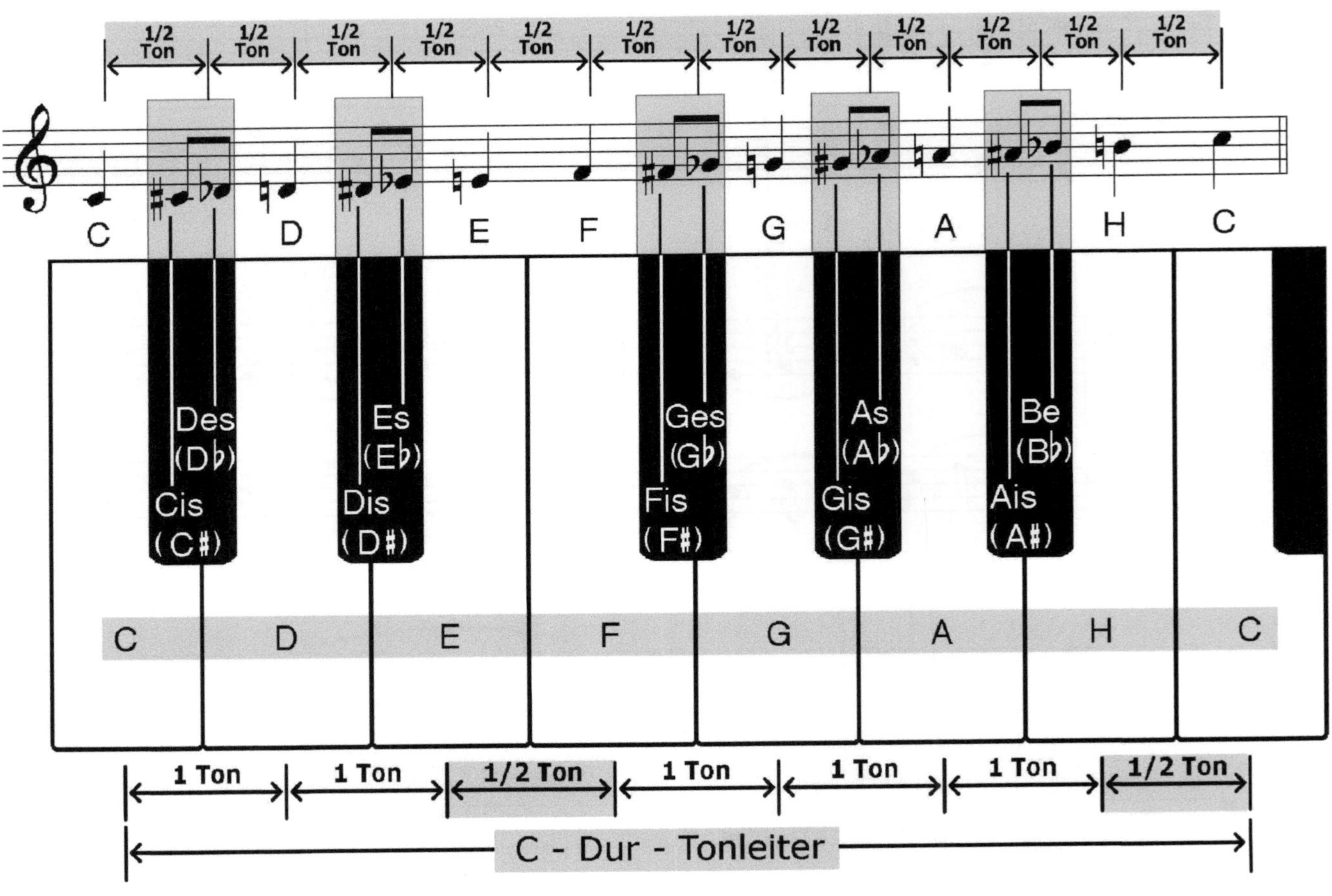

Home On The Range

Amerikan. Volkslied

beschwingt ♩ = 172

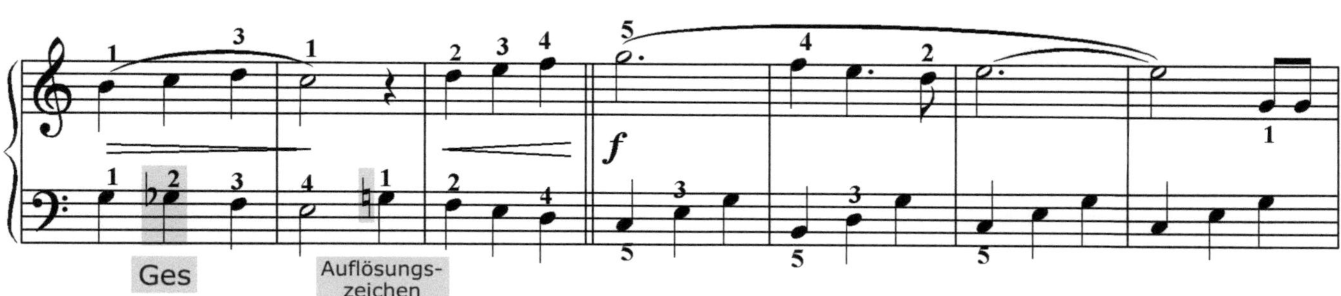

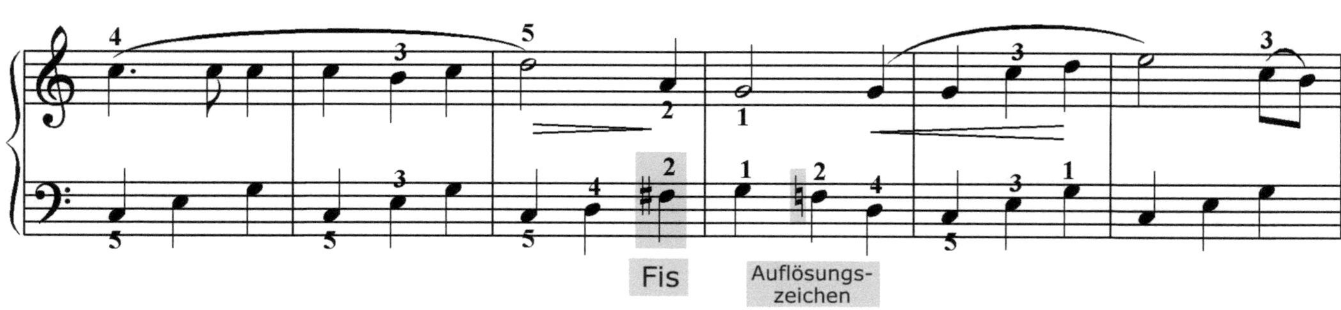

Drei neue Noten erweitern unseren Spielraum im Violinschlüssel nach oben: Das zweigestriche A, H und das dreigestrichene C. Für sie brauchen wir Hilfslinien (siehe auch S. 7):

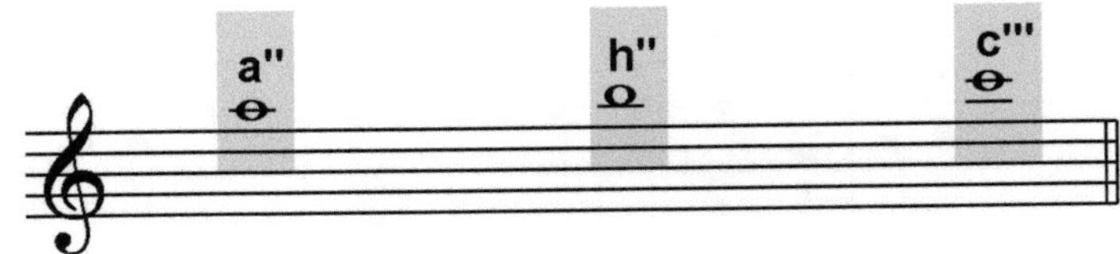

Wir können jetzt die C-Dur-Tonleiter mit beiden Händen über zwei Oktaven spielen. Mit der rechten Hand wird zuerst nach dem dritten Finger und dann nach dem vierten untergesetzt, um auf dem nächsten C wieder mit dem Daumen zubeginnen. Ähnlich muß die linke Hand erst den dritten Finger übersetzen, dann den vierten. Dabei achten wir auf den Schlüsselwechsel in der inken Hand!

Übung 7

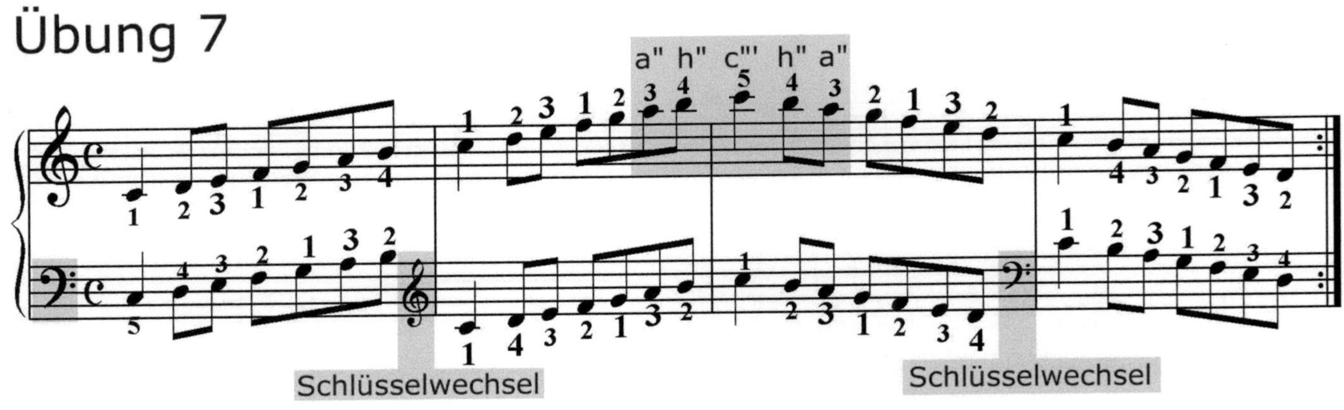

Lied ohne Worte

F. Mendelssohn-Bartholdy

mp3
- 21 -

* sf = sforzato (ital.) verstärkt (gilt nur für die entsprechende Note oder Akkord)

On The Banks Of Sacramento

mp3
- 22 -

Traditional

zähle: 4   1 2 u. 3   4 u. 1 2 u. 3 4 u. 1   2 3 4 u. 1   usw.

Der C-Dur-Akkord

Wenn wir drei oder mehr Tasten gleichzeitg anschlagen, entsteht ein Akkord. Ist er wohlklingend, spricht man von einer Harmonie.

Wir beginnen mit dem C-Dur-Akkord. Er setzt sich aus dem ersten (C, Grundton), dritten (E) und fünften Ton (G) der C-Dur Tonleiter zusammen, also C-E-G. Diese Tonfolge lässt sich auch verändern (umkehren). sodass andere Akkordlagen entstehen:

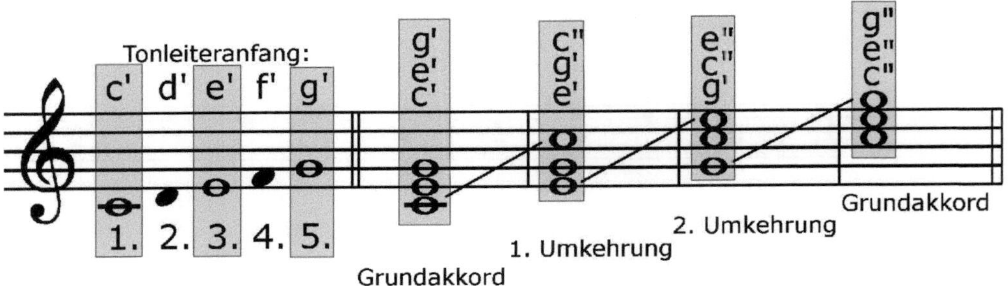

Sehen wir uns den C-Dur-Grundakkord genauer an, stellen wir fest, dass er aus 2 Ganztönen (vier Halbtönen) und einem 1 1/2 Ton (drei Halbtönen) besteht. Alle Dur-Akkorde haben die gleichen Tonabstände und lassen sich (sowie ihre Umkehrungen) von jedem Ton aus bilden (Beispiel G-Dur-Grundakkord):

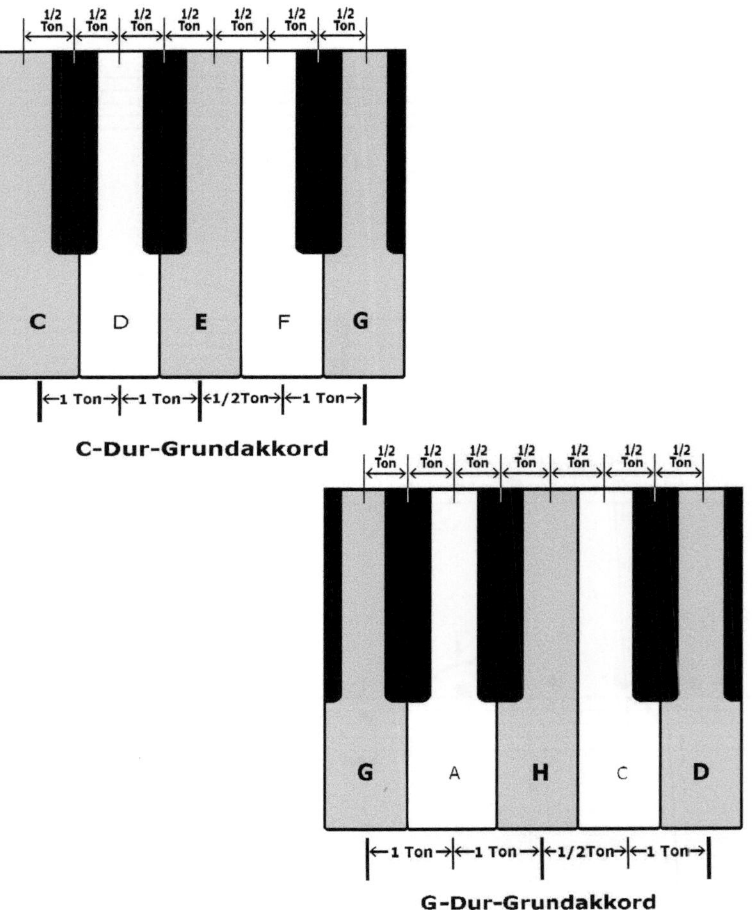

Dieses kleine Menuett von Johann Sebastian Bach fängt mit einem C-Dur-Grundakkord in der linken Hand an und endet in der rechten mit seiner 1. Umkehrung:

Menuett

J. S. Bach

Alle Umkehrungen des C-Dur-Akkords und den G-Gur Grundakkord spielen wir im nächsten Lied:

Clementine

Die Tonart G-Dur

Bisher haben wir alle Lieder in C-Dur und auch den C-Dur-Akkord und die C-Dur-Tonleiter gespielt. Für alle anderen Tonarten brauchen wir die schwarzen Tasten.

Den Grundakkord von G-Dur kennen wir schon. Da auch wie alle Dur-Akkorde alle Dur-Tonleitern die gleichen Tonabstände (lat. Intervalle) haben, müssen wir bei der G-Dur Tonleiter das F durch ein Kreuz zum Fis (F♯) erhöhen. Damit hat G-Dur das für das gesamte Stück geltende Vorzeichen Fis. Es steht gleich hinter dem(n) Schlüssel(n).

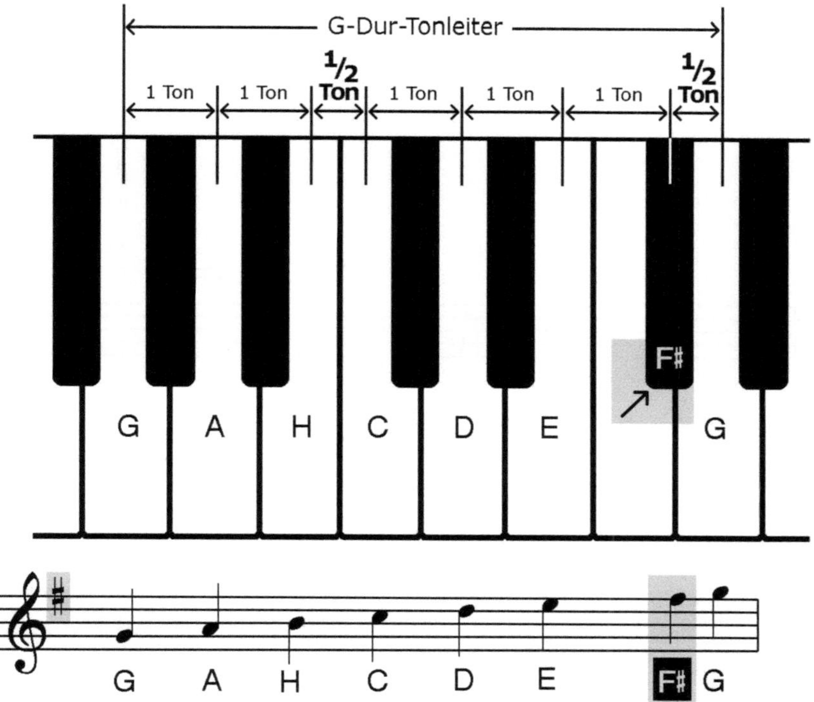

Die G-Dur-Tonleiter üben wir wie immer erst langsam und jede Hand einzeln.

Übung 8

Einen neuen Ton, das dreigestrichene D (d''') finden wir in unserem ersten Lied in G-Dur. Der Rhythmus der linken Hand ist synkopisch aufgebaut (Zählzeit 2):

Can The Circle Be Unbroken

Traditional

Die Umkehrungen des G-Dur-Akkords werden wie beim C-Dur_Akkord gebildet:

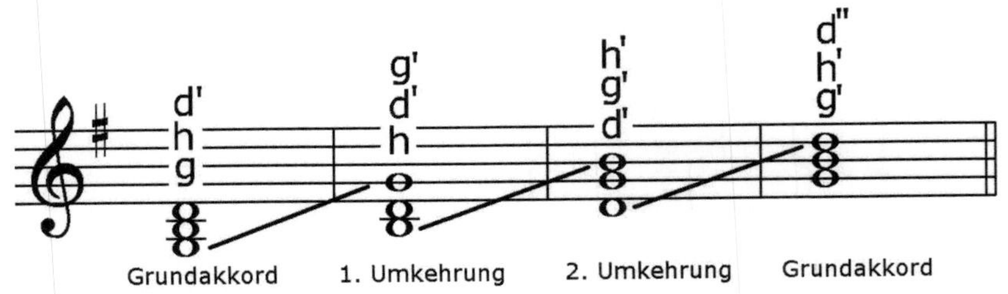

Jingle Bells

* *D.C. al fine*: Das Stück wird nochmal von Anfang an (ital. *Da Capo*) gespielt (hier mit Wiederholungen) bis zum Wort *fine* (Ende).

Der 2/4 - Takt

Dieser Rhythmus wird in vielen Liedern und Tänzen (z.B. Polkas) mit meist lebhaften Tempi

(= Mehrzahl von Tempo) verwendet:

Die Sechzehntelnoten und -pausen

Die Noten haben ein doppeltes Fähnchen oder einen doppelten Balken und werden gebraucht, um kleine Notenwerte darzustellen. Eine Achtelnote entspricht zwei Sechzehntelnoten (-pausen).

Unsere Übersicht zeigt 4/4-Takte, die in verschiedene Notenwerte eingeteilt sind. Um alle Sechzehntelnoten und -pausen zählen zu können, fügen wir "e"s ein. Für gleichmässig rhythmisches Spiel zählt man die Sechzehntel durch (Zählzeiten ohne Anschlag stehen in Klammern).

Die letzten beiden Zeilen haben unterschiedliche Balkenbindungen, sind aber rhythmisch gleich. Die obere Unterteilung in Viertel ist gebräuchlicher:

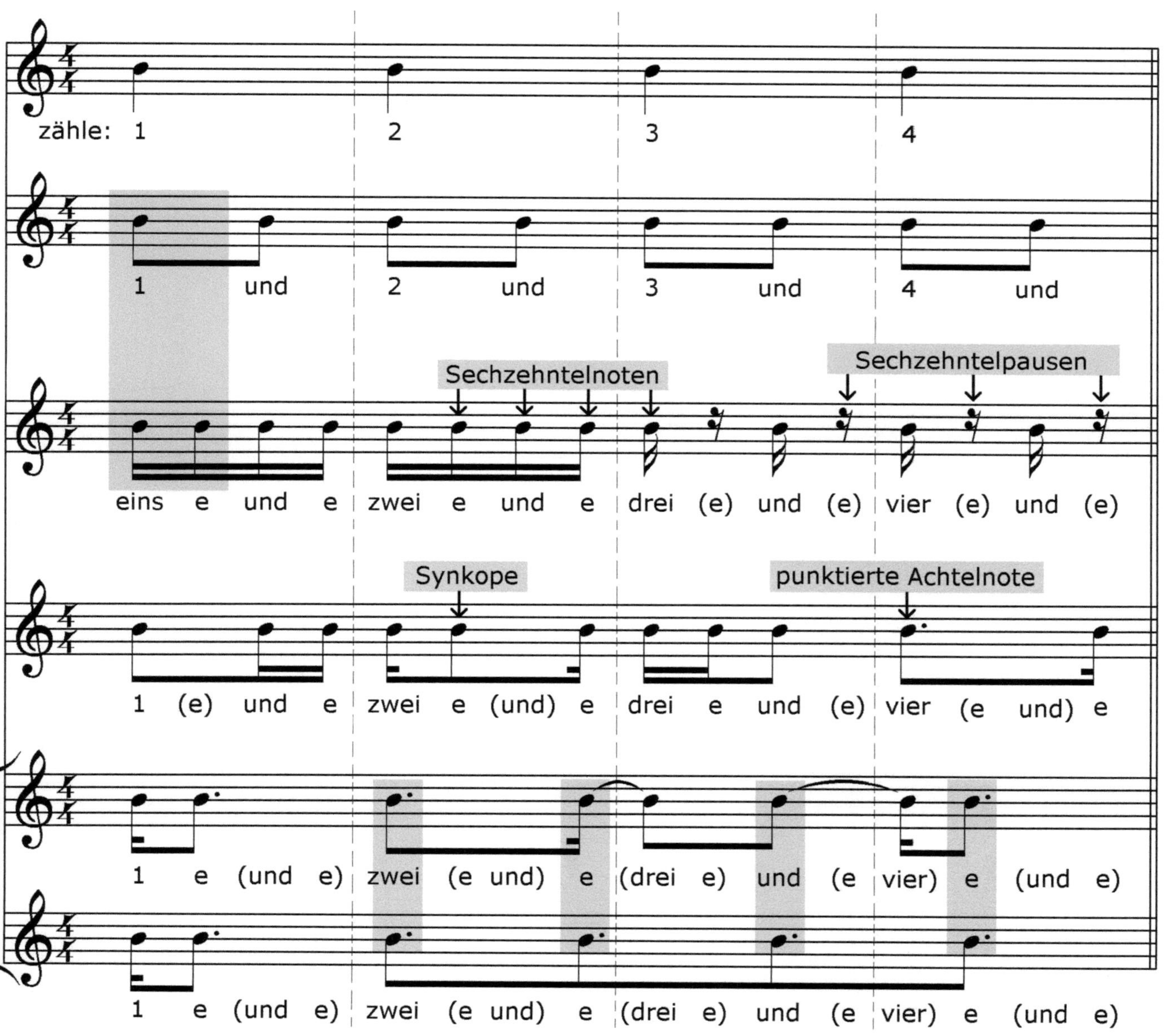

Amazing Grace

Traditional

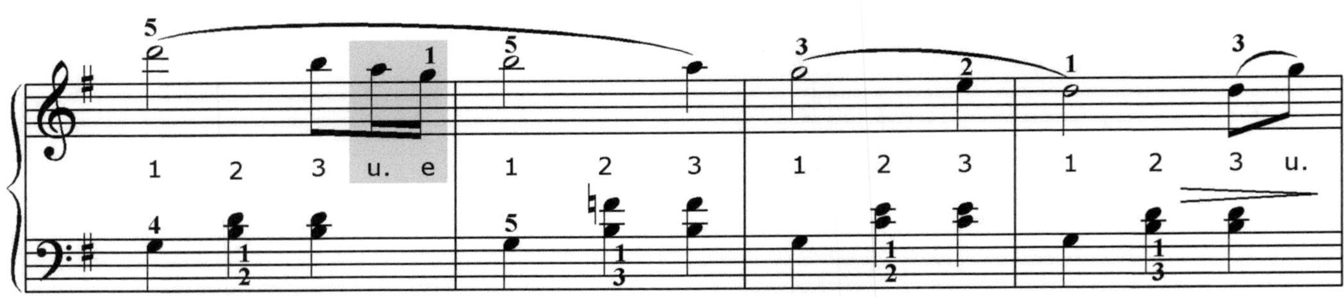

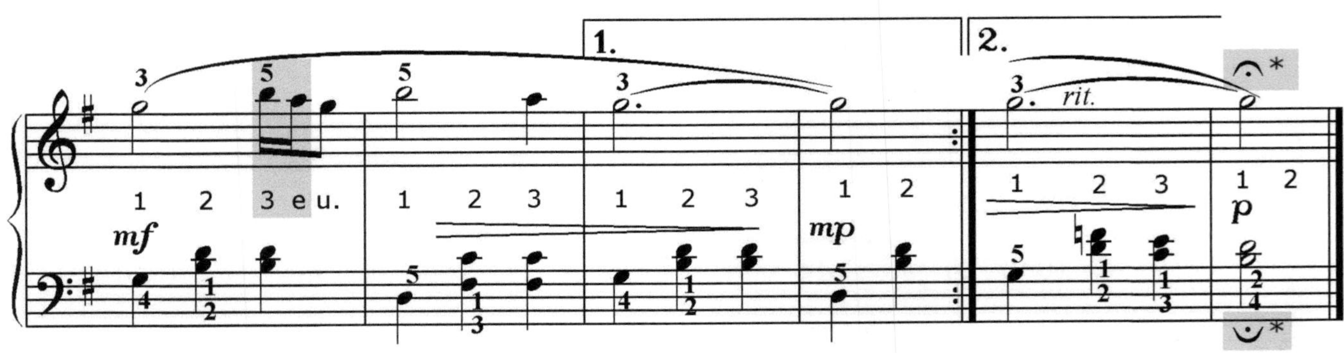

* ⌢ *Fermate* (ital.): Der darunter(darüber)liegende Ton oder Akkord wird nach Gefühl länger gehalten als der eigentliche Notenwert

Menuett

C. Czerny

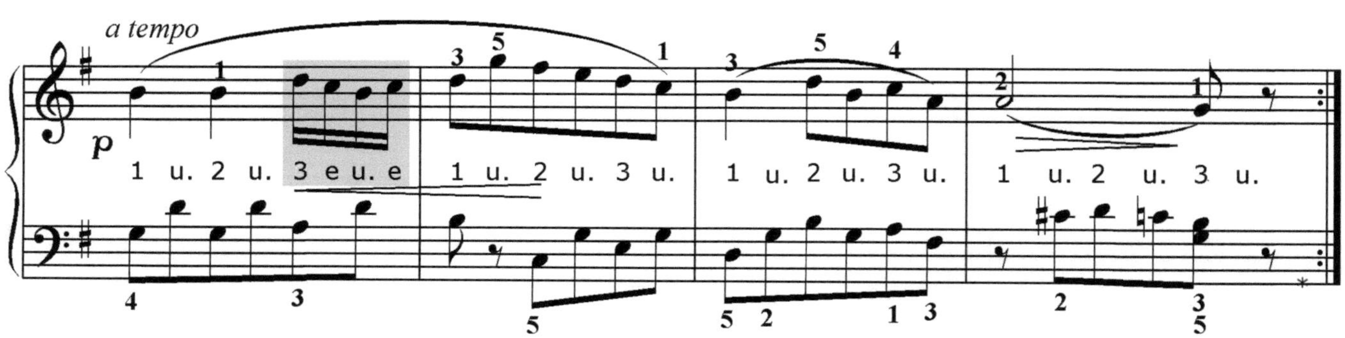

Soldatenmarsch

mp3
- 30 -

R. Schumann

munter und straff ♩ = 120

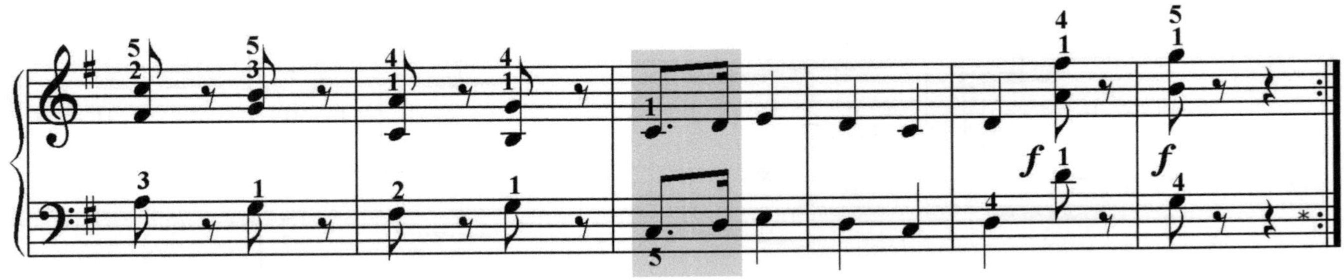

* punktierte Achtel und Sechzehntel, Doppelgriffe in der rechten Hand

42

Die Tonart F-Dur

Die erste Tonart mit einem B♭ als Vorzeichen heißt F-Dur. Die Intervalle einer Dur-Tonleiter verlangen einen Halbtonschritt nach dem dritten Ton. Da die Tonleiter bei F anfängt, müssen wir deshalb das H zum B♭ erniedrigen.

F-Dur hat somit das Vorzeichen B♭ für das gesamte Stück. Es steht wie bei G-Dur gleich hinter dem(n) Schlüssel(n).

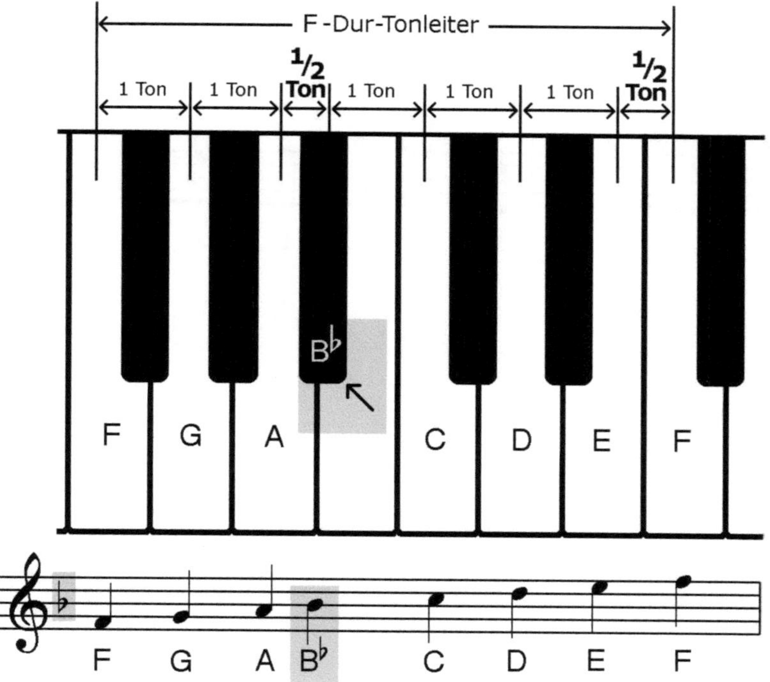

Übung 9

(F-Dur-Tonleiter)

Durch das Vorzeichen Bb ändert sich der Fingersatz der rechten Hand:

Sie setzt erst nach dem 4. und dann nach dem 3. Finger unter. Beim Zusammenspiel beider Hände schlagen die Daumen so immer gemeinsam an (beim F und C). Auch wird der Bassschlüssel um die Note großes F erweitert.

Im ersten Stück in F-Dur spielen wir im Wiederholungsteil (Refrain) Doppelgriffe in der rechten Hand. Neu ist auch der Akzent:

Good Night, Ladies

Traditional

* Akzent: Diese Noten werden besonders hervorgehoben (betont, akzentuiert)

Letzte Rose

Fr. v. Flotow

* (ital.) etwas breit (leichter und fließender als largo)

Ein bekanntes amerikanisches Volkslied folgt als nächstes. Es beginnt in der linken Hand mit dem F-Dur Grundakkord. Die Tempobezeichnung "marcia" (ital.) bedeutet Marsch.

Oh When The Saints

Traditional

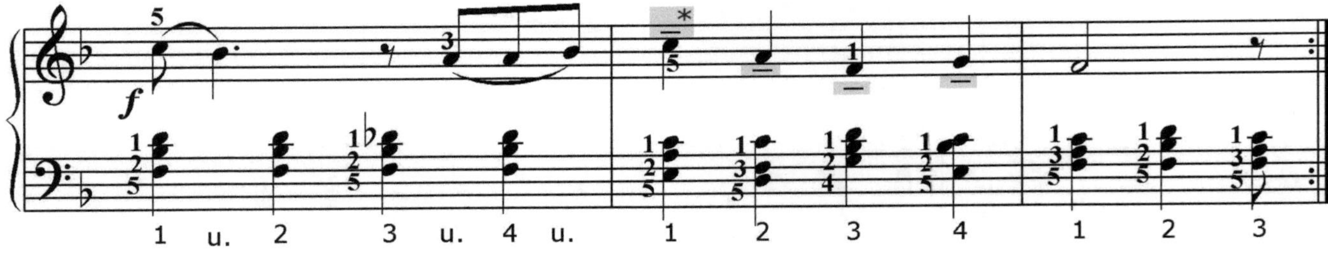

* *tenuto* (ital.) halten, hier als dynamisches Zeichen. Diese Noten werden etwas lauter gespielt.

- *tenuto* kann aber auch in Verbindung mit einem Akzent bedeuten, dass breit oder leicht *rubato* (siehe S.16) gespielt, aber nicht gebunden wird.

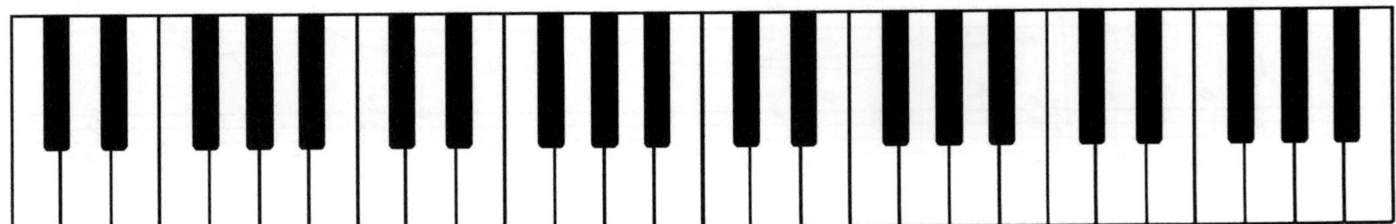

Die Tonart A-Moll

Wir lernen jetzt das zweite wichtige Tongeschlecht kennen: Die Moll-Tonart. Wir unterscheiden reines, harmonisches und melodisches Moll. Die parallele Moll-Tonart zu C-Dur heißt A-Moll. Sie hat ebenfalls keine Vorzeichen und fängt beim A (drei Halbtöne unterm C) an. Die Intervalle einer reinen Moll-Tonleiter verlangen einen Halbtonschritt nach dem zweiten und fünften Ton.

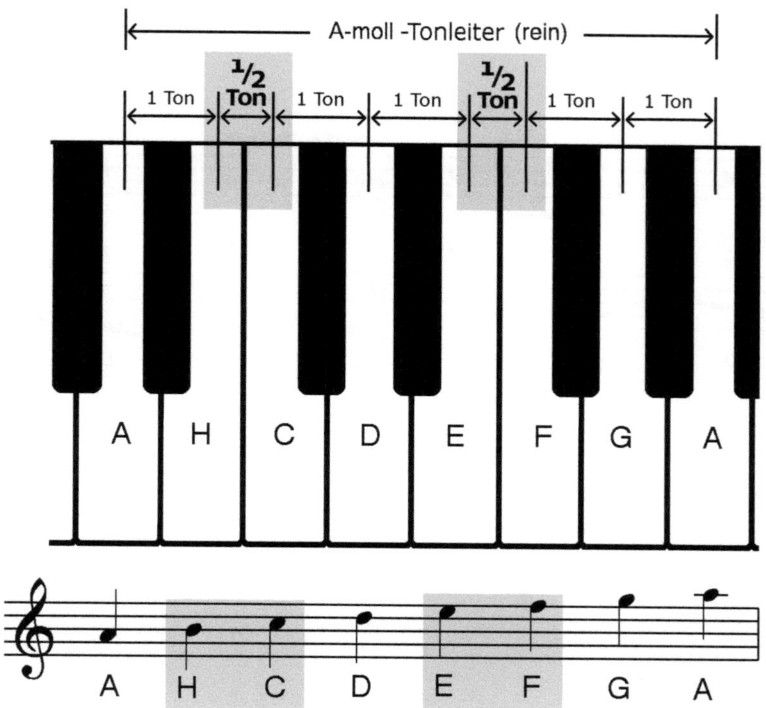

Übung 10

(A-Moll-Tonleiter)

Als Fingerübung ist die <u>harmonische</u> Molltonleiter wichtig. Das G wird hier zum Gis erhöht und bildet den "Leitton": einen Ton, der vom Grundton A nur einen Halbton enfernt ist und so zu diesem wieder "hinleitet" (z.B. bei der C-Dur-Tonleiter ist dieser Leitton das H). Zwei Schlüsselwechsel in der linken Hand erleichtern das Notenlesen.

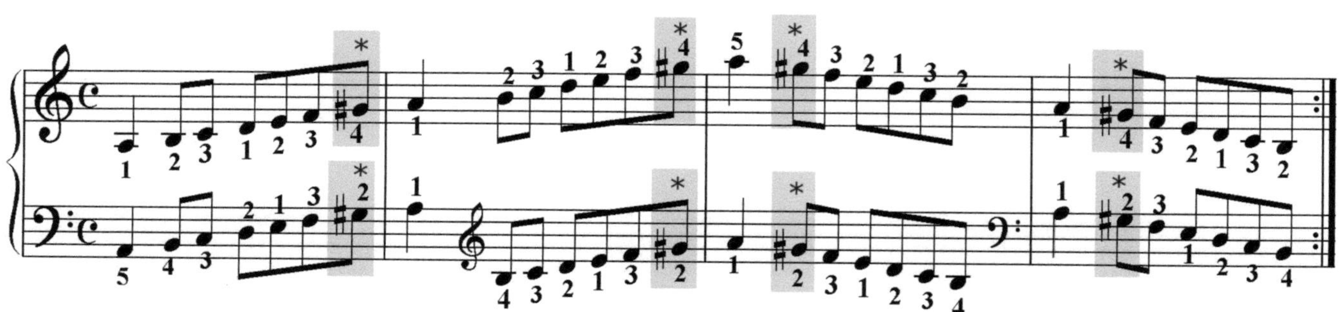

* Leittöne

Die Wiederholungszeichen dieses russischen Liedes befinden sich mitten im Takt, um die Taktklammern zu sparen. Das ergibt ein übersichtlicheres Notenbild.

Man kann die Tonart A-moll von C-Dur, da sie beide keine Vorzeichen haben, durch die Leittöne (G# bei A-moll, H bei C-Dur) oder durch den Basston (A oder C) am Anfang bzw. Ende des Stückes unterscheiden.

Russische Volksweise

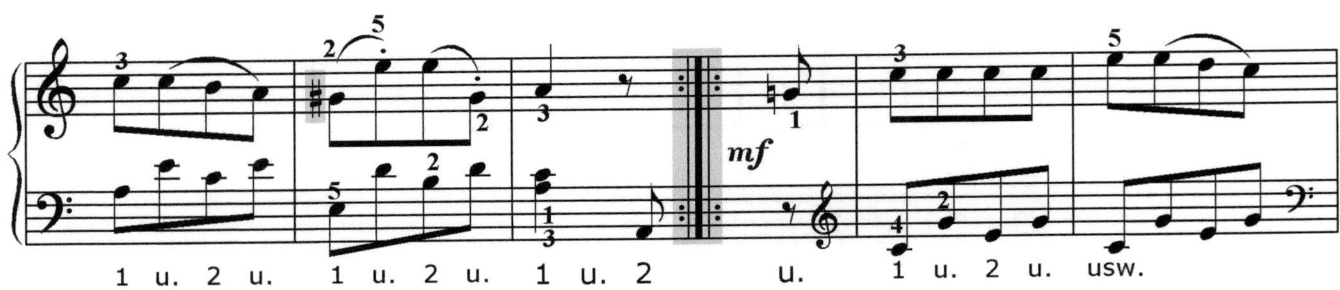

Der 6/8 - Takt

Der Umfang dieses Taktes gleicht dem 3/4 - Takt, aber er wird anders unterteilt. Beim 3/4 - Takt betonen wir die drei gezählten Viertelnoten, beim 6/8 - Takt zwei punktierte Viertel zu jeweils drei Achteln.

The House Of The
Rising Sun

Traditional

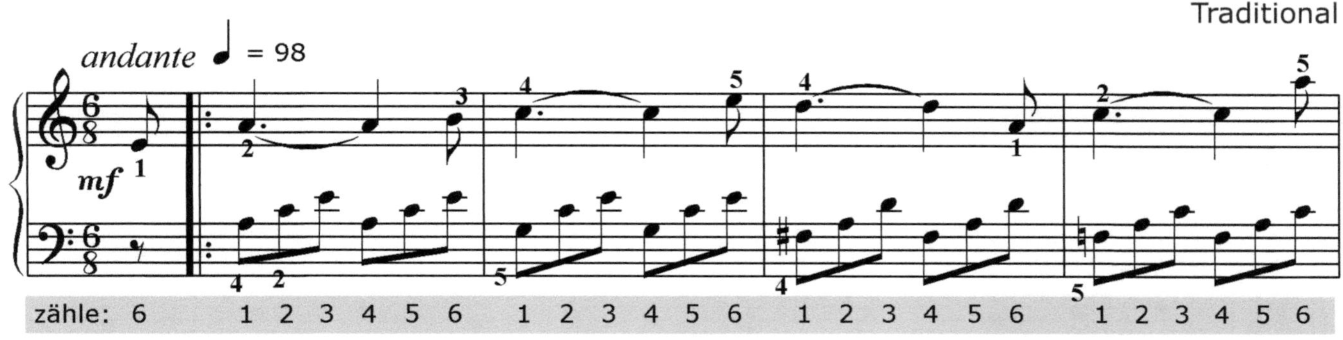

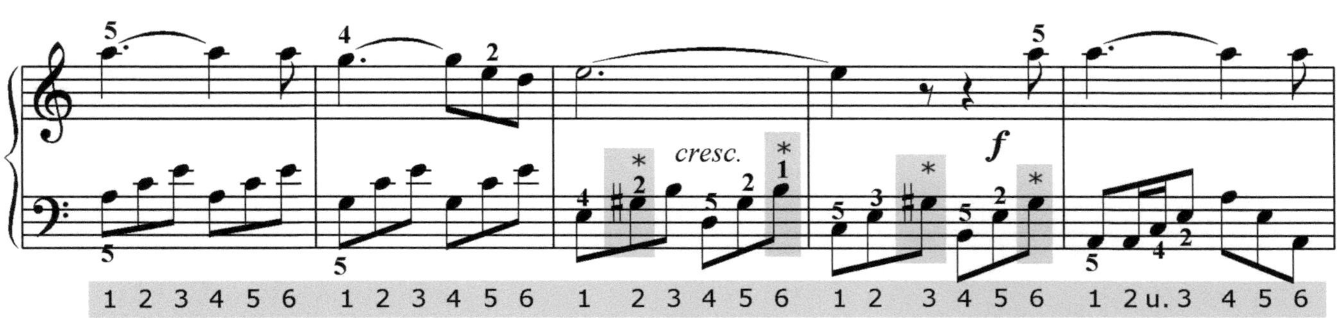

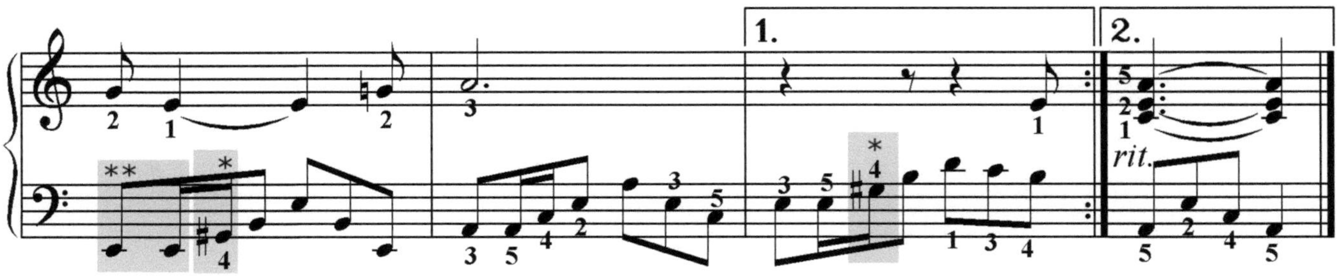

*   Leittöne
** großes E (siehe auch S. 6)

Ein zweites Stück im 6/8-Takt in F-Dur:

Sah ein Knab' ein Röslein steh'n

Volkslied

* großes E

In der rechten Hand spielen wir Doppelgriffe mit unterschiedlichen Tonabständen. Diese
Abstände (Intervalle, siehe S.35) schauen wir uns jetzt genauer an:

Die Intervalle

Der Abstand zweier Töne (gleichzeitig oder auch nacheinander gespielt) wird durch die Anzahl der Halbtonschritte bestimmt. Diese Abstände (Intervalle) können von jedem Ton auf- oder abwärts gebildet werden.

Wenn wir von C ausgehen, ergeben sich aufwärts folgende Intervalle:

Auf den Tasten sehen die Tonabstände so aus:

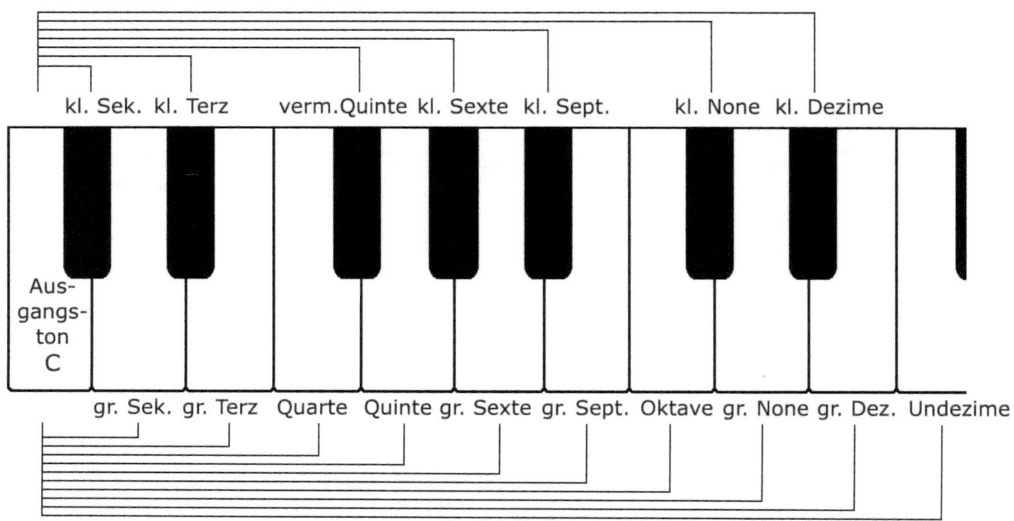

Wir spielen jetzt ein Stück, in dem alle Intervalle von der kleinen Sekunde bis zur reinen Oktave

vorkommen:

Alle Intervalle

mp3
- 37 -

Rainer Uebel

Die Buchstaben über den Noten bedeuten die Intervalle:

A = kleine Sekunde   D = große Terz   G = reine Quinte   K = kleine Septime

B = große Sekunde   E = reine Quarte   H = kleine Sexte   L = große Septime

C = kleine Terz   F = verminderte Quinte   I = große Sexte   M = reine Oktave

Es ist von Vorteil, Intervalle nur durch Hören bestimmen zu können. Es fördert das Erkennen musikalischer Zusammenhänge (z.B. das Nachspielen von gehörten Melodien und Akkordverbindungen). Man läßt zwei Töne nacheinander oder zugleich auf dem Klavier anschlagen und versucht, den Tonabstand zu erraten. Das wird nicht immer gleich funktionieren, aber auch hier macht die Übung den Meister.

Viele bekannte Lieder beginnen mit einem charakteristischen Intervall. Auch das ist eine Hilfe zum Erkennen von Tonabständen.

Hier einige Beispiele:

kleine Sekunde	Barcarole	Seite 14
große Sekunde	Winter, ade	Seite 14
kleine Terz	Vogelhochzeit	Seite 13
große Terz	Bank Of The Ohio	Seite 11
reine Quarte	Zeigt her eure Füße	Seite 31
reine Quinte	Menuett	Seite 33
kleine Sexte	Letzte Rose (Ohne Auftakt)	Seite 44
große Sexte	La Villanella	Seite 26

Polyphonie*

Wenn zwei oder mehr Melodien gleichzeitig erklingen, sprechen wir von Polyphonie. Formen der Mehrstimmigkeit, bei denen die Stimmen zeitlich versetzt beginnen, sind der Kanon und die Fuge. Wir spielen ein einfaches zweistimmiges Stück von J.S.Bach, bei dem beide Stimmen gemeinsam anfangen. Dieses Bourrée ist eine Tanzform (Reigen) aus dem Frankreich des späten 17. Jahrhunderts. Wichtig ist, dass beide Stimmen erst perfekt einzeln beherrscht werden, wobei der Fingersatz genau beachtet werden soll!

* Polyphonie (aus dem Griechischen): Mehrstimmigkeit

Bourrée
mp3
- 38 -
J. S. Bach
allegro ♩ = 116
p non legato
f
zähle: 4 u. 1 2 u. 3 4 u. 1 2 u. 3 4 u. 1 2 u. 3 4 1 usw.
mf
p
f

Dass auch die linke Hand eine eigenständige Melodie hat, beweisen wir, indem wir die Stimmen

der rechten und linken Hand vertauschen:

Bourée

J. S. Bach

In der nächsten Übung finden wir drei einfache Stimmen:

Da wir nur zwei Hände haben, muß eine Hand zwei Stimmen spielen. Das ist in unserem Beispiel erst die rechte, dann die linke Hand. Die Notenstriche der ersten Stimme werden nach oben gezeichnet, die der zweiten nach unten. Beim Üben achten wir darauf, die halben Noten in ihrer vollen Länge zu halten:

Übung 11

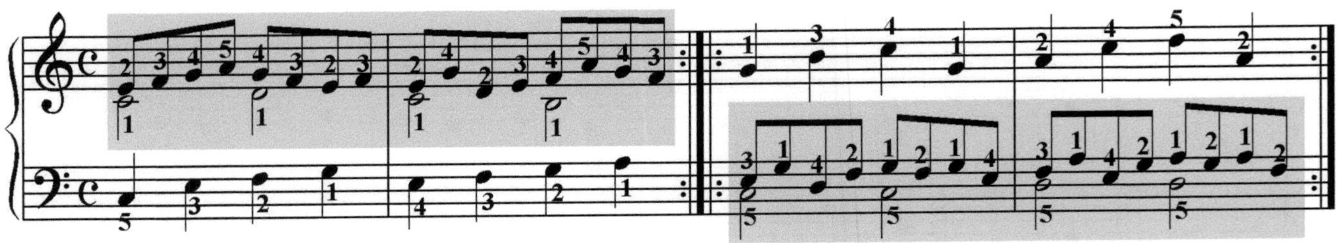

Drei Stimmen, jede mit eigener Melodie, hat hier das französische Volkslied
"Sur le pont d'Avignon":

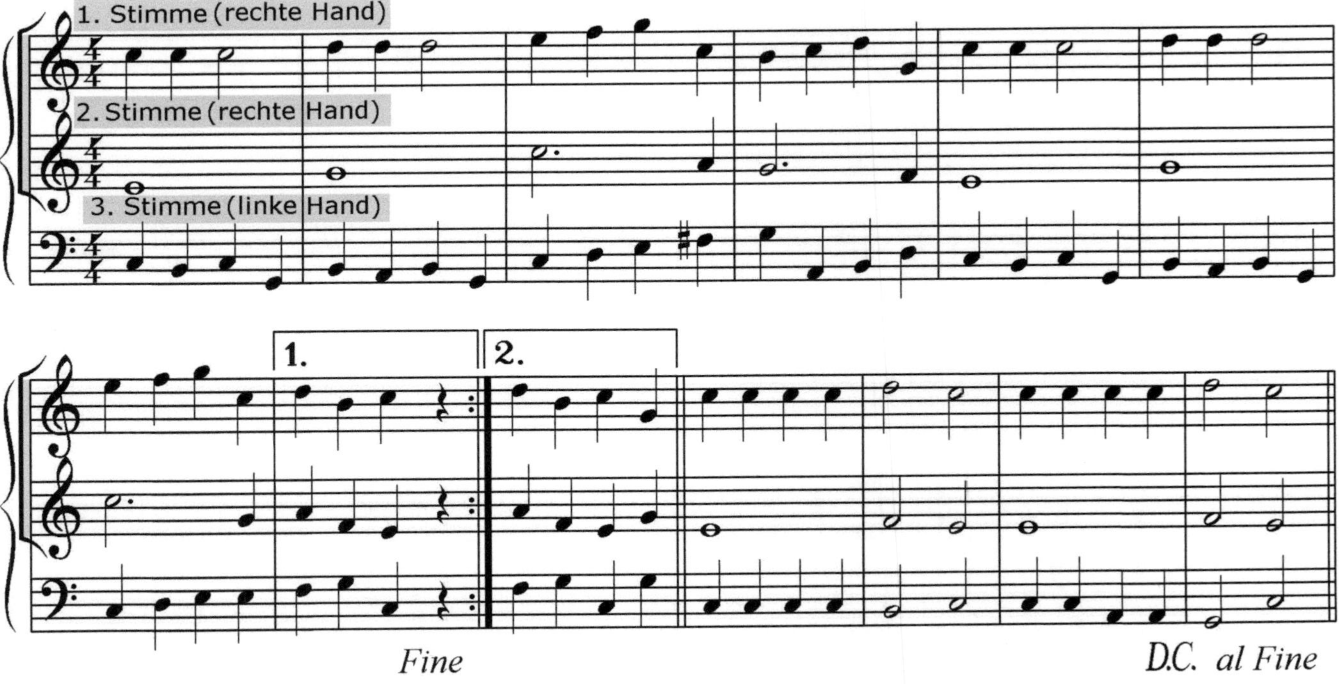

Dabei liegen die erste und zweite Stimme in der rechten Hand:

Die Melodien der rechten Hand spielen wir zum Kennenlernen mit dem angegebenen Fingersatz zuerst einzeln. Beim anschließenden Zusammenspiel sollen alle Stimmen gut hörbar sein.

Im allgemeinen müssen einzelne Stimmen nicht immer durchgängig sein. Ebenfalls können sie auch nach Bedarf zwischen beiden Händen wechseln, um eine bessere Spielbarkeit zu erreichen.

Als nächstes beschäftigen wir uns etwas intensiver mit Terzen als Doppelgriff: Sie werden legato und staccato geübt. Wir müssen hier ähnlich wie bei den Tonleitern Finger übersetzen. Beim Legatospiel werden aufwärts der obere, abwärts der untere Ton gebunden. Man muß also den nicht gebundenen Ton etwas früher abheben, um die nächste Terz gleichzeitig anschlagen zu können. Wir achten auf ein konstantes Tempo und den gleichzeitigen Anschlag der Tasten.

Übung 12

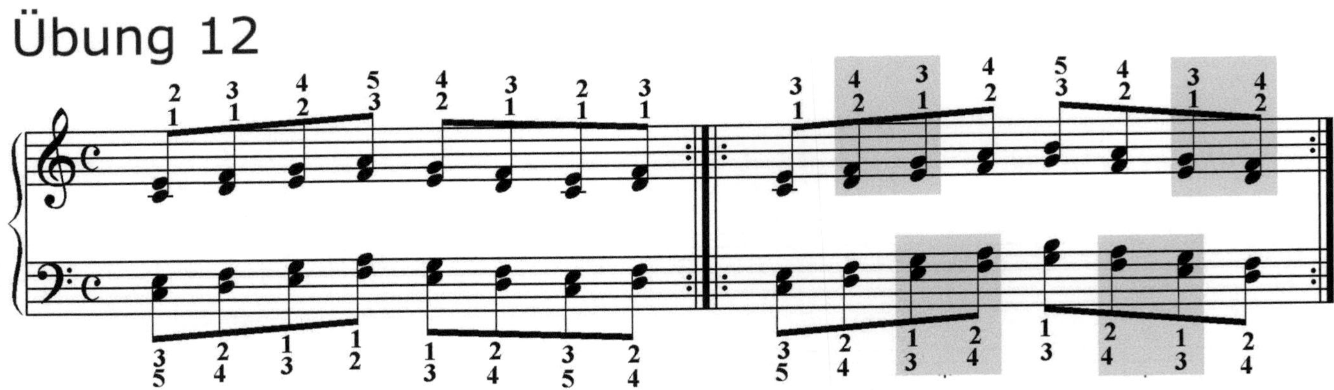

* Übersatz

Das "Loreley"-Lied hat außer gebundenen Terzen auch zweistimmige Abschnitte in der rechten und linken Hand (markiert):

mp3
- 41 -

Loreley

Friedrich Silcher

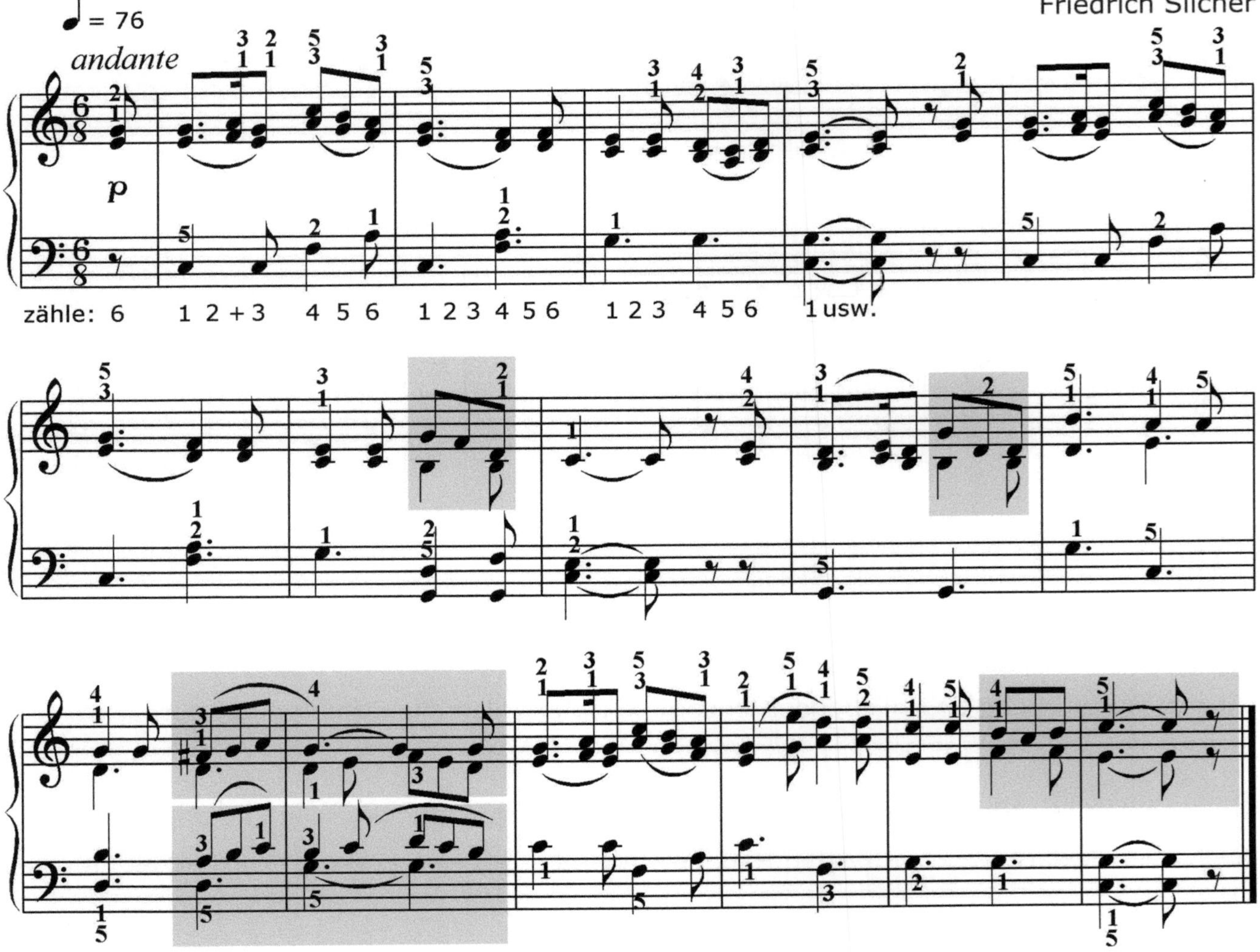

Die Tonart D-Moll

Wir lernen jetzt die parallele Moll-Tonart von F-Dur kennen. Sie heißt D-Moll und hat wie F-Dur auch das Vorzeichen Bb. Die harmonische D-moll-Tonleiter verlangt einen Halbtonschritt (Leitton) zum Grundton D, hier also C#:

Übung 13

(D-Moll-Tonleiter)

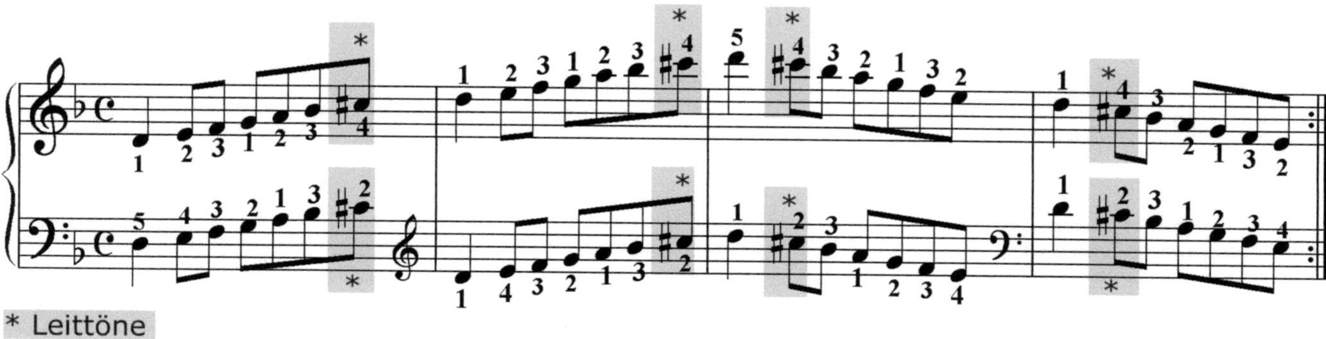

Eine neue Taktart ist ebenfalls im nächsten Stück enthalten:

Der 3/2-Takt

Bei ihm bilden die halben Noten die Zählzeiten, ähnlich dem "alla breve" Takt. Man findet ihn oft in alten Tanzformen, hier bei einer dreiteiligen Sarabande, bestehend aus einem Thema und zwei Variationen:

Die Variation

Bei einer Variation handelt es sich um eine Veränderung des vorgegebenen Themas. Dieses wird

hier mit Nebentönen umspielt (Variation 1) oder mit einer Bassmelodie versehen (Variation 2).

Die Reihenfolge der Harmonien (Akkorde) bleibt dabei erhalten.

Variation 1

* ein wenig mehr (schneller)
** weiter gebundenes Spiel

Variation 2

*   gehalten, zurückhaltend
** die Bassstimme (linke Hand) nicht gebunden spielen
*** breiter, langsamer bei wachsender Tonstärke

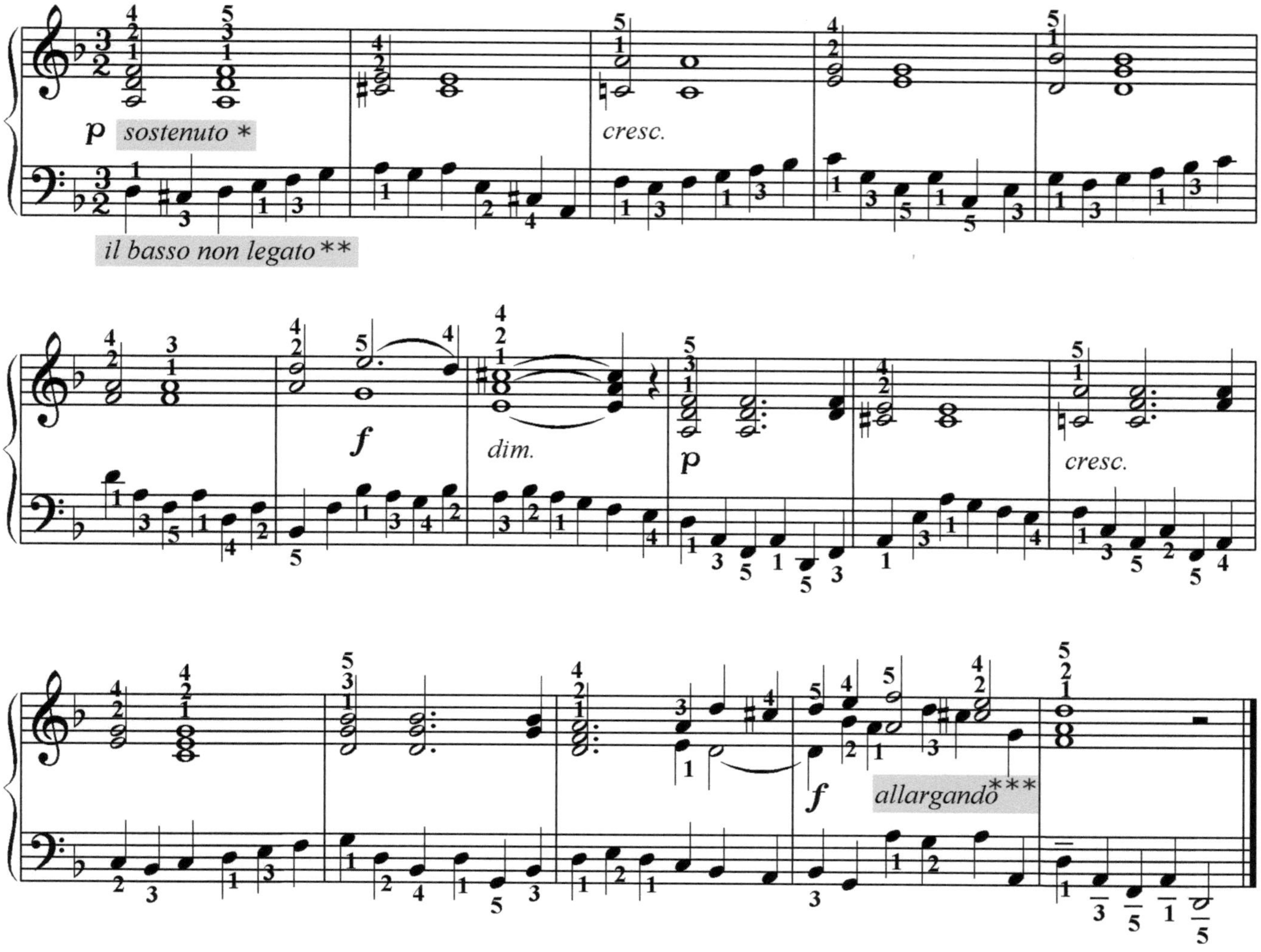

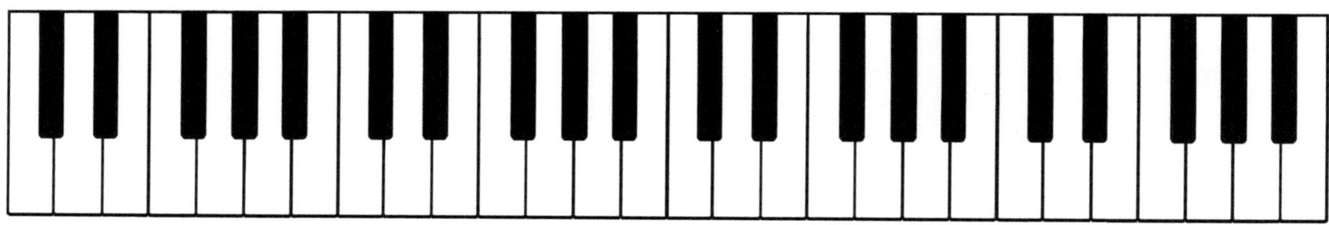

Mit diesem Thema und seinen Variationen beenden wir den ersten Teil unserer Klavierschule. Hoffentlich hat es Spaß gemacht und hat die Lust auf weitere Fortschritte geweckt. Als zusätzliche und ergänzende Stücke kann man die im gleichen Verlag erschienenen Bände "Piano 4 You", "Meisterwerke der Klassik" für Klavier (leicht) oder auch "Klavier, Klavier" verwenden. Anschließend noch eine Übersicht aller in diesem Buch verwendeten musikalischen Begriffe:

Die musikalischen Begriffe im Überblick

a tempo (ital.)	zurück zum ersten Tempo
accelerando, accel. (ital.)	beschleunigend
adagio (ital.)	langsam, ruhig
Akkord	Drei- oder Mehrklang
Akzent	Die Noten werden hervorgehoben (betont)
alla breve (ital.)	schneller 4/4-Takt, es werden halben Noten gezählt
allargando (ital.)	breiter,langsamer (bei wachsender Tonstärke)
allegretto (ital.)	etwas langsameres allegro
allegro (ital.)	munter, fröhlich
andante (ital.)	gehend, schreitend
andantino (ital.)	etwas schneller als andante
Auflösungszeichen	hebt bisherige Vorzeichen wieder auf
Auftakt	Unvollständiger Takt am Anfang, um die Betonung auf die erste Zählzeit legen zu können
b.p.m.	(engl.)beats per minute (Schläge pro Minute des Metronoms)
crescendo,cresc. (ital.)	lauter werden
D.C. (Da Capo) al fine (ital.)	Ab dieser Bezeichnung wird das Stück vom Anfang (Da Capo) bis zum Wort fine (Ende) gespielt
decrescendo,decresc. (ital.)	leiser werden
Dezime (groß)	Intervall von 16 Halbtönen
Dezime (klein)	Intervall von 15 Halbtönen
diminuendo,dim. (ital.)	leiser werden
Doppelgriff	Anschlag von zwei Tönen mit einer Hand
Dynamik (griech.)	Änderungen der Lautstärke
Fermate (ital.)	Der Ton wird länger als der eigentliche Notenwert gehalten
Fingersatz	Bezeichnung der Finger durch Zahlen vom Daumen (1) bis zum kleinen Finger (5)
forte (ital.)	laut, kräftig
forte fortissimo (ital.)	extrem laut
fortissimo (ital.)	sehr laut
Gegenbewegung	Noten der rechten und linken Hand bewegen sich in auseinander oder aufeinander zu

grave (ital.)	schwer
Haltebogen	verlängert der Wert der ersten Note um den Wert der zweiten
Harmonie	Gefüge der Töne und Klänge, Akkorde und ihrer Zusammenhänge
il basso (ital.)	der Bass, die Bassstimme
Intervall (lat.)	Abstand (Verhältnis) zweier Töne
larghetto (ital.)	etwas breit (leichter und fließender als largo)
largo (ital.)	breit
legato (ital.)	gebundenes Spiel
Leitton	Halbton unterhalb des Grundtons, der wieder zu diesem hin"leitet"
lento (ital.)	langsam
marcia (ital.)	Marsch
Metronom	Gerät zur exakten Bestimmung des Tempos
mezzoforte (ital.)	mittellaut
mezzopiano (ital.)	mittelleise
mittleres C	C auf der 1. Hilfslinie zwischen Violin- und Bassschlüssel
moderato (ital.)	mässig
non legato (ital.)	Noten werden mit kurzen Zwischenräumen gespielt
None (groß)	Intervall von 14 Halbtönen
None (klein)	Intervall von 13 Halbtönen
Oktave (rein)	Intervall von 12 Halbtönen
Parallelbewegung	Noten der rechten und linken Hand bewegen sich in gleichen Intervallen
pianissimo (ital.)	sehr leise
piano (ital.)	leise
piano pianissimo (ital.)	extrem leise
Polyphonie (griech.)	Gleichzeitiges Spiel zweier oder mehrerer Melodien
prestissimo (ital.)	sehr schnell
presto (ital.)	schnell, geschwind
Prime (rein)	Gleichklang zweier Töne
Punktierung	ein Punkt hinter einer Note oder Pause verlängert sie um die Hälfte
Quarte (rein)	Intervall von 5 Halbtönen

Quinte (rein)	Intervall von 7 Halbtönen
Quinte (vermindert)	Intervall von 6 Halbtönen
rallentando,(rall.) (ital.)	verbreiternd, verlangsamend
Rhythmus (griech.)	Zeitliche Abfolge der Musik, Einteilung der Takte in Notenwerte und Zeitmaß
ritardando,(rit.) (ital.)	langsamer werdend
rubato (ital.)	freies Tempo, nicht im genauen Zählmaß
Schlussstrich	Doppelter Taktstrich am Ende des Stücks
Sekunde (groß)	Intervall von 2 Halbtönen
Sekunde (klein)	Intervall von einem Halbton
sempre (ital.)	weiter
Septime (groß)	Intervall von 11 Halbtönen
Septime (klein)	Intervall von 10 Halbtönen
Sexte (groß)	Intervall von 9 Halbtönen
Sexte (klein)	Intervall von 8 Halbtönen
sf, sforzato (ital.)	die entsprechende Note wird stärker gespielt
sostenuto (ital.)	gehalten, zurückhaltend
staccato (ital.)	Tasten werden nur kurz angeschlagen
Synkope	Verschiebung der Betonung auf eine sonst unbetonte Zählzeit
Takt	Einteilung eines Musikstücks in gleichlange Abschnitte durch Taktstriche
tenuto (ital.)	breit und nicht gebunden in Verbindung mit einem Akzent, als dynamisches Zeichen etwas lauter
Terz (groß)	Intervall von 4 Halbtönen
Terz (klein)	Intervall von 3 Halbtönen
Umkehrung	Verschiebung des untersten Akkordtones eine Oktave nach oben
un poco piu mosso	ein bischen mehr (schneller)
Undezime(rein)	Intervall von 17 Halbtönen
vivace, vivo (ital.)	lebhaft
Vorzeichen	erhöht (Kreuz) oder erniedrigt (Be) eine Note um einen Halbton